TABLE DES MATIÈRES

Introduction : Explorer le cheminement de la pauvreté à la prospérité

Chapitre 1 : Le pouvoir de la vision : comment les rêves façonnent la création de richesse

Chapitre 2 : Surmonter l'adversité : histoires de résilience et de réussite

Chapitre 3 : Saisir les opportunités : reconnaître et capitaliser sur les tendances économiques

Chapitre 4 : L'esprit d'entrepreneuriat : générer de la richesse par la créativité et la proactivité

Chapitre 5 : Études de cas sur la réussite des entreprises : des idées à la fortune

Chapitre 6 : Investissement d'avenir : techniques pour créer de la richesse

Chapitre 7 : Risque et récompense : naviguer sur le marché financier

Chapitre 8 : Le rôle de l'éducation : Donner aux individus les moyens de réussir financièrement

Chapitre 9 : Exploiter la technologie : transformer les industries et créer de la richesse

Chapitre 10 : L'influence du mentorat : apprendre des maîtres de la richesse

Chapitre 11 : Philanthropie de richesse : redonner au suivant et faire la différence

Chapitre 12 : L'héritage familial : transmettre la richesse à travers les générations

Chapitre 13 : Le côté obscur : explorer les pièges et les défis
Chapitre 14 : Richesse et pouvoir : examen de l'intersection de l'influence et de la prospérité
Chapitre 15 : Perspectives mondiales sur la création de richesse : histoires du monde entier
Chapitre 16 : Richesse et bien-être : équilibrer la réussite matérielle et le bien-être personnel
Chapitre 17 : Dilemmes éthiques dans la répartition des richesses : résoudre les problèmes d'inégalité
Chapitre 18 : L'avenir de la richesse : tendances et prévisions de l'évolution économique
Réflexion sur le paysage en constante évolution de la richesse

DES CHIFFONS AUX RICHES : RÉCITES DE CRÉATION ET DE DISTRIBUTION DE RICHESSE

AUTEUR

Grégoire Lang

Introduction : Explorer le cheminement de la pauvreté à la prospérité

Aux quatre coins du monde, au milieu du tumulte et de l'agitation de la vie quotidienne, se trouvent des histoires d'individus qui ont surmonté les obstacles, se sont relevés à partir de débuts modestes et ont transformé leur vie de la misère à la richesse. Ces récits de création et de distribution de richesses sont aussi différents que les personnes qui les vivent, mais ils partagent le même fil conducteur de persévérance, de dynamisme et de confiance inébranlable dans la perspective d'un avenir meilleur.

Le chemin qui mène de la pauvreté à la richesse est complexe et diversifié, influencé par une multitude de facteurs, notamment le contexte socio-économique, l'accès à l'éducation, les possibilités de progrès, ainsi que la volonté et l'ambition individuelles. Alors que certains peuvent considérer la richesse comme un rêve lointain, destiné exclusivement à quelques chanceux, les histoires présentées dans ce livre rendent hommage à la force transformationnelle du potentiel humain et aux possibilités illimitées qui se trouvent en chacun de nous.

Tout au long des pages qui suivent, nous partirons pour un voyage de découverte, en nous plongeant dans la vie et les expériences de personnes qui ont osé rêver en grand, surmonter les obstacles et réaliser des réalisations remarquables malgré tous les obstacles. Des rues animées de New York aux immenses plaines de l'Afrique rurale, des couloirs de haute technologie de la Silicon Valley aux marchés animés de Mumbai, nous examinerons la riche tapisserie de l'expérience humaine et les nombreuses voies de réussite qui existent dans notre monde aujourd'hui.

Alors que nous nous engageons sur cette voie, il est essentiel de se rappeler que la quête de richesse ne consiste pas seulement à rassembler des biens matériels ou à obtenir des ressources financières. Il s'agit plutôt de libérer le potentiel humain, de stimuler l'innovation et la créativité et de créer des opportunités pour les individus et les communautés de croître et de prospérer. Dans un monde où les inégalités économiques continuent de croître et où l'accès aux ressources reste inégalement divisé, les récits contenus dans ces pages rappellent le pouvoir de la ténacité, la valeur de la résilience et l'opportunité d'un bon changement.

Des entrepreneurs pionniers qui ont révolutionné les industries et remodelé le paysage économique aux individus ordinaires qui ont tranquillement bâti leur fortune grâce à leur travail acharné et leur détermination, chaque histoire offre un aperçu précieux de la nature de la création et de la répartition des richesses dans notre monde d'aujourd'hui. En évaluant les triomphes et les faux pas de ceux qui nous ont précédés, nous pouvons développer une meilleure connaissance des problèmes et des possibilités qui nous attendent et tracer la voie vers un avenir plus juste et plus prospère pour tous.

Alors que nous commençons ce voyage ensemble, ouvrons notre esprit et notre cœur aux possibilités qui existent en chacun de nous et inspirons-nous des individus incroyables dont nous sommes sur le point de découvrir les histoires. Car dans leurs victoires et leurs épreuves, nous découvrons des leçons à la fois intemporelles et pertinentes, et nous rappelons le potentiel illimité qui vit en chacun de nous pour transformer nos ambitions en réalité et créer nos propres récits de création de richesse et distribution dans le monde aujourd'hui.

Bienvenue dans « Rags to Richie's : Contes de création et de distribution de richesse ».

Chapitre 1 : Le pouvoir de la vision : comment les rêves façonnent la création de richesse

Dans les annales de l'histoire, la force de la vision a été saluée comme le moteur de certaines des plus grandes réalisations de l'humanité. Des imposantes pyramides de l'Égypte ancienne aux réalisations impressionnantes de la technologie contemporaine, le monde regorge d'exemples d'individus qui ont osé voir grand et ont poursuivi leurs rêves avec une ténacité inébranlable. Dans le monde de la création de richesse, ce pouvoir de vision est probablement encore plus évident, car il sert de catalyseur à des changements radicaux et à des réalisations spectaculaires.

Nous étions en 1976, et dans un modeste garage de Los Altos, en Californie, deux jeunes entrepreneurs du nom de Steve Jobs et Steve Wozniak travaillaient d'arrache-pied sur un projet qui allait changer le cours de l'histoire. Armés d'une vision et d'une passion pour l'invention, ils ont décidé de changer le monde de l'informatique et, ce faisant, ont jeté les bases de l'une des sociétés les plus célèbres de notre époque : Apple Inc.

Au cœur de leur succès réside une confiance simple mais profonde dans la capacité de la technologie à améliorer la vie et à façonner l'avenir. Comme Jobs l'a fait remarquer : « Nous sommes ici pour faire une brèche dans l'univers ». Et en fait, ils l'ont fait. Depuis la création de l'ordinateur Macintosh en 1984 jusqu'au lancement de l'iPhone en 2007, les produits Apple ont non seulement transformé des secteurs entiers, mais sont également devenus synonymes d'innovation, de qualité et de style.

Mais l'histoire d'Apple n'est pas unique. Tout au long de l'histoire, des visionnaires de nombreux horizons ont utilisé le pouvoir de leurs rêves pour générer des richesses et laisser une marque durable sur le monde. Prenons l'exemple d'Oprah Winfrey, qui a émergé d'une vie de pauvreté et de souffrance pour devenir l'un des magnats des médias les plus en vue de notre époque. Poussée par une vision d'autonomisation et d'inspiration, elle a développé un empire qui englobe la télévision, la littérature et la philanthropie, affectant la vie de millions de personnes à travers le monde.

De même, le récit d'Elon Musk témoigne du pouvoir de la vision dans le développement du patrimoine. Depuis ses débuts en tant que co-fondateur de PayPal jusqu'à son rôle actuel de PDG de SpaceX et Tesla, Musk n'a cessé de rechercher des objectifs ambitieux et audacieux dans la poursuite de sa vision d'un avenir durable. Qu'il s'agisse de peupler Mars ou de transformer l'industrie automobile, la confiance inébranlable de Musk dans la capacité de la technologie à répondre aux préoccupations les plus urgentes de l'humanité l'a propulsé à l'avant-garde de l'innovation et a fait de lui l'une des personnes les plus riches du monde.

Mais qu'est-ce qui rend ces visionnaires uniques par rapport au reste d'entre nous ? Qu'est-ce qui leur permet de percevoir un potentiel alors que d'autres ne voient que des obstacles ? À la base, le pouvoir de la vision repose sur l'imagination, la créativité et le désir de sortir des sentiers battus. Il s'agit d'oser voir grand et d'avoir le courage de poursuivre ces aspirations face à l'incertitude et aux difficultés.

Pourtant, la vision seule ne suffit pas. Comme l'a déclaré Jobs : « Les gens qui sont assez fous pour penser qu'ils peuvent changer le monde sont ceux qui le font. » En d'autres termes, il faut plus qu'une simple vision pour produire de la richesse ; cela nécessite des efforts, de la ténacité et une volonté d'accepter l'échec comme une chance de progrès.

Prenons l'exemple de JK Rowling, qui a produit le premier roman de Harry Potter tout en vivant de l'aide sociale en tant que mère célibataire. Rejeté par de nombreux éditeurs avant de finalement connaître le succès, le parcours de Rowling est un monument du pouvoir de la ténacité face à l'adversité. Comme elle l'a dit elle-même : « Il est impossible de vivre sans échouer dans quelque chose, à moins de vivre avec une telle prudence qu'on aurait tout aussi bien pu ne pas vivre du tout. »

En effet, le chemin vers la création de richesse est souvent semé d'embûches et de déceptions, mais ce sont ceux qui osent voir grand et endurer face à l'adversité qui réussissent finalement. Qu'il s'agisse de développer une entreprise milliardaire ou de publier un roman à succès, la force d'une vision ne réside pas dans l'ampleur de l'ambition, mais dans le désir de la suivre avec passion, dynamisme et une confiance inébranlable dans les perspectives de succès.

Alors que nous poursuivons notre voyage de recherche sur les récits de création et de répartition des richesses, rappelons-nous les paroles de Walt Disney, un autre visionnaire dont l'imagination et l'ingéniosité n'avaient pas de limites : « Tous nos rêves peuvent devenir réalité, si nous avons le courage de Poursuivez-les." Car dans les histoires qui suivent, nous découvrirons des individus qui ont osé voir grand, poursuivi leurs rêves avec passion et persévérance et, ce faisant, révolutionné leur vie et le monde qui les entourait.

Chapitre 2 : Surmonter l'adversité : histoires de résilience et de réussite

Dans la quête de création de richesse, aucun attribut n'est peut-être aussi crucial que la résilience. La capacité à surmonter l'adversité, à relever les défis et à persévérer face aux revers est souvent le facteur déterminant qui sépare le succès de l'échec. Tout au long de l'histoire, des individus de tous horizons ont été confrontés à des obstacles apparemment insurmontables sur leur chemin vers la richesse et la prospérité. Pourtant, c'est leur résilience face à l'adversité qui leur a permis de surmonter leur situation et de remporter un succès extraordinaire.

L'une de ces personnes est Oprah Winfrey, dont l'histoire de résilience et de triomphe sur l'adversité est une source d'inspiration pour des millions de personnes dans le monde. Née dans la pauvreté dans la campagne du Mississippi en 1954, Winfrey a fait face à de nombreuses difficultés au cours de ses premières années, notamment une enfance tumultueuse marquée par la maltraitance et la négligence. Mais malgré les chances contre elle, Winfrey a refusé de se laisser définir par sa situation. Déterminée à se créer une vie meilleure, elle a poursuivi ses études avec diligence et détermination, pour finalement décrocher un emploi dans la radiodiffusion qui la propulserait vers la gloire et la fortune.

En 1986, Winfrey a lancé « The Oprah Winfrey Show », un talk-show révolutionnaire qui allait devenir l'un des programmes les mieux notés de l'histoire de la télévision. Grâce à son émission, Winfrey a non seulement diverti et inspiré des millions de téléspectateurs, mais a également utilisé sa plateforme pour mettre en lumière des problèmes sociaux importants et plaider en faveur d'un changement positif. Aujourd'hui, Winfrey est non seulement l'une des personnes les plus riches du monde, mais aussi une philanthrope, une entrepreneure et une icône culturelle dont l'impact s'étend bien au-delà du domaine du divertissement.

Un autre exemple de résilience face à l'adversité est l'histoire de Howard Schultz, le visionnaire derrière l'empire mondial du café Starbucks. Né et élevé dans un logement public à Brooklyn, New York, l'éducation de Schultz a été marquée par des difficultés financières et une instabilité. Mais plutôt que de laisser sa situation le définir, Schultz a utilisé ses expériences comme motivation pour créer une vie meilleure pour lui-même et pour ceux qui l'entourent.

Après avoir obtenu son diplôme universitaire, Schultz s'est lancé dans une carrière dans la vente et le marketing, pour finalement décrocher un emploi dans une petite entreprise de café appelée Starbucks. Inspiré par l'engagement de l'entreprise envers la qualité et la communauté, Schultz a vu une opportunité de transformer Starbucks en une marque mondiale et a décidé de convaincre les fondateurs de l'entreprise de s'étendre au-delà de leur petite base de Seattle. Malgré le scepticisme et la résistance de ses collègues, Schultz n'a pas été découragé et a finalement racheté l'entreprise et en a fait la puissance mondiale qu'elle est aujourd'hui.

L'histoire de Schultz témoigne du pouvoir de la résilience et de la détermination face à l'adversité. Malgré de nombreux revers et défis en cours de route, Schultz a refusé d'abandonner sa vision et a finalement obtenu un succès extraordinaire. Aujourd'hui, Starbucks exploite plus de 30 000 magasins dans le monde et est devenu synonyme de qualité, de cohérence et de communauté.

Mais le pouvoir de la résilience ne se limite pas au monde des affaires et de l'entrepreneuriat. Aux quatre coins du monde, des individus surmontent l'adversité et obtiennent des succès remarquables à leur manière. Des artistes et activistes aux athlètes et éducateurs, les histoires de résilience et de triomphe sont aussi diverses que les personnes qui les vivent.

Prenons le cas de Malala Yousafzai, la militante pakistanaise qui a survécu à une brutale tentative d'assassinat perpétrée par les talibans et est devenue une défenseure mondiale de l'éducation des filles. Ou l'histoire de Nick Vujicic, le conférencier motivateur et auteur australien né sans bras ni jambes mais qui a refusé de laisser ses limitations physiques l'empêcher de réaliser ses rêves.

Ces histoires, et d'innombrables autres histoires similaires, nous rappellent avec force la résilience de l'esprit humain et le potentiel de grandeur qui réside en chacun de nous. Face à l'adversité, ce ne sont pas nos circonstances qui nous définissent mais plutôt notre réponse à celles-ci. Qu'il s'agisse de vaincre la pauvreté, la discrimination, la maladie ou une blessure, les personnes présentées dans ce chapitre ont démontré qu'avec de la persévérance, de la détermination et une confiance en soi, tout est possible.

Alors que nous poursuivons notre exploration des histoires de création et de répartition des richesses, inspirons-nous de la résilience et de la détermination de ceux qui nous ont précédés. Car dans leurs histoires, nous trouvons non seulement des leçons de persévérance et de triomphe, mais aussi un rappel du potentiel illimité qui réside en chacun de nous pour surmonter l'adversité et réaliser nos rêves.

Chapitre 3 : Saisir les opportunités : reconnaître et capitaliser sur les tendances économiques

Dans le monde de la création de richesse, le succès dépend souvent de la capacité de chacun à reconnaître et à tirer parti des tendances économiques émergentes. Qu'il s'agisse de l'essor des nouvelles technologies, des changements de comportement des consommateurs ou des changements de politique réglementaire, ceux qui sont capables d'anticiper et de s'adapter à ces tendances peuvent se positionner pour obtenir un gain financier important. Dans ce chapitre, nous explorerons les histoires d'individus qui ont saisi les opportunités présentées par les changements économiques, transformant ainsi leur fortune.

L'un de ces individus est Jeff Bezos, fondateur et PDG d'Amazon. En 1994, Bezos a reconnu le potentiel d'Internet pour révolutionner la façon dont les gens font leurs achats et a entrepris de créer un marché en ligne offrant une sélection inégalée de produits à des prix compétitifs. Malgré le scepticisme des investisseurs et des initiés du secteur, Bezos n'a pas été découragé, investissant son propre argent dans l'entreprise et travaillant sans relâche pour faire d'Amazon le géant du commerce électronique qu'il est aujourd'hui.

Grâce à une combinaison d'innovation, de partenariats stratégiques et d'attention constante à la satisfaction du client, Bezos a transformé Amazon d'une modeste librairie en ligne en un géant mondial qui domine presque tous les secteurs de la vente au détail. Aujourd'hui, Amazon est non seulement le plus grand détaillant en ligne au monde, mais également un leader dans le cloud computing, le streaming numérique et l'intelligence artificielle, Bezos lui-même se classant parmi les individus les plus riches de la planète.

Mais Bezos n'est pas le seul entrepreneur à avoir capitalisé sur l'essor d'Internet. En 1998, deux étudiants de l'Université de Stanford, Larry Page et Sergey Brin, ont fondé Google, un moteur de recherche qui allait révolutionner la façon dont les gens accèdent à l'information en ligne. En développant un algorithme puissant capable d'indexer rapidement et précisément la vaste étendue d'Internet, Page et Brin ont créé un outil qui deviendra bientôt indispensable à des milliards d'utilisateurs à travers le monde.

Grâce à une combinaison de prouesses techniques, d'innovation et d'engagement à fournir aux utilisateurs les résultats de recherche les plus pertinents et les plus utiles, Google est rapidement devenu l'acteur dominant sur le marché des moteurs de recherche, ouvrant la voie à l'expansion de l'entreprise dans d'autres domaines tels que le Web. la publicité, le cloud computing et la technologie mobile.
Aujourd'hui, la société mère de Google, Alphabet Inc., est l'une des sociétés les plus valorisées au monde, Page et Brin se classant parmi les individus les plus riches de la Silicon Valley.

Mais l'essor d'Internet n'est qu'un exemple d'une tendance économique qui a remodelé le paysage de la création de richesse au cours des dernières décennies. Prenons le cas de Mark

Zuckerberg, qui a reconnu le potentiel des réseaux sociaux pour connecter les gens et créer des communautés en ligne. En 2004, Zuckerberg a lancé Facebook depuis sa chambre universitaire, imaginant une plateforme qui permettrait aux utilisateurs de partager leur vie, de se connecter avec leurs amis et leur famille et de découvrir de nouveaux intérêts et expériences.

Grâce à une combinaison d'une stratégie commerciale astucieuse, d'une innovation constante et d'une compréhension approfondie de la psychologie humaine, Zuckerberg a transformé Facebook en la plus grande plateforme de médias sociaux au monde, avec des milliards d'utilisateurs et une valeur marchande de plusieurs centaines de milliards de dollars. Malgré les critiques et les controverses rencontrées en cours de route, Zuckerberg est resté fidèle à sa vision de créer un monde plus connecté et plus ouvert, en tirant parti de la puissance de la technologie pour rassembler les gens d'une manière qui était auparavant inimaginable.

Ces histoires, et d'innombrables autres similaires, rappellent le pouvoir de la prévoyance, de l'innovation et de l'esprit d'entreprise dans la création de richesse à l'ère moderne. De l'essor d'Internet à l'émergence de nouvelles technologies telles que l'intelligence artificielle, la blockchain et les énergies renouvelables, les opportunités de création de richesse sont plus abondantes et diversifiées que jamais.

Mais pour saisir ces opportunités, il faut plus que de la chance ou du timing. Cela nécessite de la vision, de la créativité et une volonté de prendre des risques pour atteindre ses objectifs. Qu'il s'agisse de créer une entreprise à partir de zéro, d'investir dans les marchés émergents ou de tirer parti des nouvelles technologies pour bouleverser les industries traditionnelles, les personnes présentées dans ce chapitre ont démontré le pouvoir transformateur de la reconnaissance et de la capitalisation des tendances économiques dans leur quête de richesse et de réussite.

Alors que nous poursuivons notre exploration des histoires de création et de distribution de richesse, inspirons-nous des visionnaires et des innovateurs qui nous ont précédés. Car dans leurs histoires, nous trouvons non seulement des leçons d'entrepreneuriat et de sens des affaires, mais aussi un rappel du potentiel illimité qui réside en chacun de nous pour reconnaître les opportunités, surmonter les défis et transformer nos rêves en réalité.

Chapitre 4 : L'esprit d'entrepreneuriat : générer de la richesse par la créativité et la proactivité

Bon nombre des plus grandes réussites de l'histoire remontent à leur dynamisme entrepreneurial. Cela représente la volonté de prendre des risques, de s'engager dans une pensée originale et de poursuivre résolument ses objectifs. Nous examinerons les récits de personnes qui ont fait preuve d'esprit d'entreprise en créant de l'argent par leur ingéniosité et leur initiative dans ce chapitre.

Elon Musk est l'une de ces personnes dont la trajectoire commerciale a été marquée par des objectifs audacieux, une vision forte et une persévérance sans faille. Musk a été co-fondateur de X.com, une startup de paiement en ligne qui a fusionné avec PayPal en 1999. Musk a persévéré face à de nombreux obstacles et déceptions, notamment une quasi-faillite et une tentative de rachat hostile, et a finalement vendu PayPal à eBay pour 1,5 milliard de dollars en 2002.

Cependant, les aspirations de Musk pour son entreprise allaient au-delà de PayPal. Il a créé SpaceX en 2002 avec l'intention de faire baisser le prix des voyages dans l'espace et, à terme, d'ouvrir la voie à l'humanité pour devenir un multivers. Avec une valorisation de plusieurs dizaines de milliards de dollars, Musk a fait de

SpaceX l'une des entreprises aérospatiales les plus prospères au monde grâce à un mélange d'innovation technologique, d'alliances commerciales et de pure volonté.

Outre SpaceX, Musk est le fondateur et PDG de nombreuses autres entreprises, telles que Tesla, Neuralink et The Boring Company, qui ouvrent toutes la voie à l'innovation dans leurs secteurs respectifs. Le zèle entrepreneurial de Musk n'a aucune limite ; qu'il s'agisse de créer des interfaces cerveau-ordinateur, de fabriquer des véhicules électriques ou de révolutionner les transports publics, sa poursuite inébranlable de sa vision a fait de lui l'une des personnes les plus puissantes et les plus riches du monde.

Cependant, Musk n'est pas le premier homme d'affaires à avoir fait preuve d'initiative et de créativité pour obtenir un succès incroyable. Prenons Sara Blakely comme exemple. Blakely a fondé Spanx, une marque révolutionnaire de shapewear qui a révolutionné l'industrie de la mode et a fait de Blakely l'une des plus jeunes femmes milliardaires autodidactes au monde. Avec seulement 5 000 $ de fonds et une idée audacieuse visant à fournir aux femmes des sous-vêtements confortables et attrayants, Blakely a fondé Spanx en 2000.

Blakely a persévéré et a tout mis en œuvre pour démarrer son entreprise à partir de zéro malgré le rejet de plusieurs investisseurs et initiés de l'industrie. Des millions de femmes dans le monde se portent garantes des produits Spanx, qui ont acquis une renommée grâce à un mélange de marketing astucieux, de conception de produits de pointe et d'une attention constante portée au bonheur des clients.

Spanx gagne désormais des centaines de millions de dollars par an et propose un large choix de vêtements et d'accessoires en plus des shapewear. Le parcours entrepreneurial de Blakely est la preuve de la force de la ténacité, de l'imagination et de la volonté de prendre des risques dans la poursuite de ses objectifs.

Mais les mondes de la technologie et de la mode ne sont pas les seuls endroits où l'esprit entrepreneurial existe. Les gens utilisent leur imagination et leur initiative pour créer des entreprises rentables et générer de la richesse pour leurs communautés et pour eux-mêmes partout dans le monde. L'esprit entrepreneurial est illimité et imprègne toutes les industries et tous les secteurs de l'économie, qu'il s'agisse de la création d'un petit restaurant, d'une entreprise manufacturière locale ou d'une marque multinationale.

Prenons l'exemple de James Dyson, l'homme d'affaires et inventeur britannique dont la conception révolutionnaire de l'aspirateur sans sac a transformé le marché des aspirateurs. Lorsque l'aspirateur de Dyson ne fonctionnait pas bien en 1978, il fut bouleversé et décida de trouver une meilleure solution. Il a passé des années à tester et à développer l'idée jusqu'à finalement réussir en 1993 avec l'introduction du premier aspirateur sans sac au monde.

Malgré l'opposition et la méfiance d'acteurs bien connus du secteur, le design révolutionnaire de Dyson a rapidement conquis les clients, et l'entreprise compte désormais parmi les plus connues et les plus prospères du secteur de l'électroménager. En combinant créativité, ténacité et réticence à accepter les choses telles qu'elles sont, Dyson a créé un conglomérat multinational qui génère des milliards de dollars de ventes chaque année et couvre plusieurs catégories de produits.

Les effets positifs que l'esprit d'entreprise peut avoir sur la société dans son ensemble, plutôt que les richesses et le succès qu'il produit, constituent peut-être son plus grand héritage. Les entrepreneurs sont essentiels au progrès et à l'amélioration du sort des gens car ils stimulent l'innovation, créent des emplois et stimulent l'économie. Grâce à leurs inventions révolutionnaires, leurs stratégies d'entreprise révolutionnaires ou leurs projets sociaux créatifs, les entrepreneurs ont la capacité d'améliorer le monde et de construire un avenir plus riche et plus juste pour tous.

Inspirons-nous de l'esprit entrepreneurial et de ceux qui l'incarnent en approfondissant les histoires de création et de distribution de richesse. Leurs expériences nous rappellent non seulement le potentiel illimité que chacun de nous possède pour suivre ses aspirations, surmonter les défis et créer un avenir meilleur pour nous-mêmes et nos communautés, mais aussi la valeur de la créativité et de l'initiative.

Chapitre 5 : Études de cas sur la réussite des entreprises : des idées à la fortune

Le chemin qui mène du concept à la fortune dans le domaine de la création de richesse est souvent semé d'obstacles et d'inconnues. Cependant, les personnes qui parviennent à surmonter ces difficultés pourraient en retirer d'énormes avantages. Ce chapitre examinera les histoires de personnes qui ont transformé leurs idées en entreprises rentables et ont ainsi accumulé fortune et succès.

Bill Gates est l'une de ces personnes, dont l'histoire, passant du statut de décrocheur universitaire à celui de co-fondateur de Microsoft, est légendaire. Gates et Paul Allen, un ami d'enfance, ont fondé Microsoft en 1975 avec l'intention de créer des logiciels pour l'industrie naissante des ordinateurs personnels. Avec à peine plus que de l'inventivité, de l'ambition et une volonté inébranlable de réussir, Gates et Allen ont entrepris de transformer complètement l'industrie informatique.

Lorsqu'IBM a demandé à Microsoft de lui fournir un système d'exploitation pour sa nouvelle gamme d'ordinateurs personnels, ce fut sa grande rupture en 1980. Saisissant l'occasion unique, Gates a obtenu une licence pour un système d'exploitation d'une autre entreprise appelée DOS et l'a rebaptisé MS-DOS. La montée en popularité de Microsoft et sa domination ultérieure dans le secteur des logiciels pour PC ont été rendues possibles par l'accord avec IBM.

Avec une valeur marchande de plusieurs centaines de milliards de dollars, Gates a fait de Microsoft l'une des sociétés les plus valorisées au monde grâce à un mélange de mesures commerciales intelligentes, d'alliances stratégiques et d'une concentration sans faille sur l'innovation. Des milliards de personnes utilisent désormais les produits Microsoft dans le monde entier, et Gates est l'une des personnes les plus riches du monde.

Cependant, Gates n'est pas le seul homme d'affaires à avoir réussi à transformer des idées en biens immobiliers avec un succès incroyable. Prenons Mark Zuckerberg comme exemple. Sa création de Facebook a révolutionné l'interaction sociale et la communication en ligne. En tant qu'étudiant à l'Université Harvard, Mark Zuckerberg a fondé « Thefacebook », un site de réseautage social qui deviendra l'un des sites Web les plus connus au monde, en 2004.

Zuckerberg a persisté dans son objectif de favoriser plus d'ouverture et de connectivité dans le monde, malgré les critiques et les problèmes juridiques. En mettant constamment l'accent sur l'expérience utilisateur, les acquisitions intelligentes et l'innovation technologique, Facebook s'est rapidement développé pour devenir une sensation mondiale, attirant des milliards d'utilisateurs et des milliards de dollars de revenus.

En plus d'être le plus grand réseau de médias sociaux au monde, Facebook est désormais un acteur majeur dans les secteurs du contenu numérique, de la réalité virtuelle et de la publicité. La carrière entrepreneuriale de Zuckerberg est un exemple de la force de la ténacité, de l'imagination et de la volonté de prendre des risques calculés dans la poursuite de ses objectifs.

Cependant, le chemin qui mène du concept à la richesse n'est pas toujours facile ni clair. Prenons l'exemple de Reed Hastings, PDG et co-fondateur de Netflix, dont le parcours professionnel a emprunté plusieurs détours inattendus. Avec l'intention de transformer la façon dont les gens regardent les films et les épisodes télévisés, Hastings a fondé Netflix en

1997 et visait à fournir un service de streaming par abonnement.

Hastings a persévéré malgré une série de revers et d'échecs et a investi son argent personnel dans l'entreprise malgré la résistance et la méfiance des médias traditionnels. Avec des millions d'utilisateurs et une valeur marchande de plusieurs centaines de milliards de dollars, Netflix est désormais le service de divertissement en streaming le plus populaire au monde grâce au mélange de risques calculés, d'investissements audacieux et d'accent inébranlable mis sur le plaisir du client.

De nos jours, Netflix crée certains des médias les plus appréciés et acclamés par la critique au monde, et Hastings est l'une des personnes les plus riches du secteur du divertissement. Son parcours commercial est la preuve de la force de la ténacité, de la flexibilité et de la volonté de remettre en question le quo existant afin de réaliser ses rêves.

L'influence que ces individus ont eu sur leur environnement, plus que les richesses et le succès qu'ils ont accumulés, est peut-être l'élément le plus motivant de ces récits. Ces entrepreneurs se sont non seulement enrichis financièrement, mais ont également ajouté de la valeur à la société dans son ensemble, des emplois et des opportunités d'emploi, tout en transformant leurs idées en entreprises prospères. Leurs contributions, que ce soit sous la forme de technologies révolutionnaires, de biens inventifs ou de services révolutionnaires, ont alimenté le progrès et amélioré l'humanité.

Inspirons-nous des hommes d'affaires qui nous ont précédés en approfondissant les histoires de création et de distribution de richesse. Parce que leurs récits nous rappellent le potentiel illimité que chacun d'entre nous possède pour transformer nos idées en succès et avoir une influence bénéfique sur le monde qui nous entoure, en plus de nous enseigner de précieuses leçons sur le sens des affaires et la réflexion stratégique.

Chapitre 6 : Investissement d'avenir : techniques pour créer de la richesse

L'un des aspects les plus importants de la création d'argent est d'être capable d'investir judicieusement et de constituer ses ressources financières au fil du temps. Les gens peuvent créer et maintenir de la richesse grâce à diverses méthodes et débouchés, tels que les actions, les obligations, l'immobilier et les investissements alternatifs. Nous examinerons les expériences de ceux qui sont devenus des investisseurs compétents et ont accumulé d'énormes richesses dans ce chapitre.

Warren Buffett est l'une de ces personnes ; son aptitude reconnue à investir lui a valu le surnom de « l'Oracle d'Omaha ». Buffett a transformé l'entreprise textile Berkshire Hathaway, en difficulté financière, en l'une des entreprises les plus grandes et les plus prospères au monde en 1965. Au fil des ans, Buffett a généré des rendements incroyables pour les actionnaires de Berkshire et pour lui-même en combinant des sélections de titres astucieuses, des acquisitions calculées et une longue expérience. -stratégie d'investissement à terme.

L'approche d'investissement de Buffett repose sur l'idée simple mais efficace de l'investissement axé sur la valeur. Buffett recherche des entreprises présentant des fondamentaux solides, des perspectives de croissance à long terme et une faible valorisation boursière. Il investit ensuite dans ces entreprises dans le but de les conserver pendant une très longue période, laissant ainsi aux intérêts composés le temps de faire leur magie.

Buffett a amassé une valeur nette de plusieurs dizaines de milliards de dollars, ce qui fait de lui l'une des personnes les plus riches du monde grâce à sa stratégie d'investissement. Mais peut-être plus remarquables que sa richesse sont son intégrité, sa modestie et son dévouement aux dons de bienfaisance. Buffett est l'un des philanthropes les plus généreux de l'histoire puisqu'il a promis de donner la majeure partie de son argent à des œuvres caritatives, la Fondation Bill & Melinda Gates en recevant une grande partie.

Cependant, Buffett n'est pas le seul investisseur à avoir connu un succès extraordinaire grâce à une sélection de titres judicieuse et une gestion prudente de son argent. Examinons l'exemple de Peter Lynch, le célèbre gestionnaire de portefeuille du Fonds Fidelity Magellan, dont le principe d'investissement en trois mots est « achetez ce que vous savez ». Lynch pensait qu'en investissant dans des entreprises dont ils comprenaient les biens et les services et faisaient confiance, les investisseurs individuels pourraient battre le marché.

Connue sous le nom d'« investissement de bon sens », la méthode d'investissement de Lynch s'est avérée très efficace lorsqu'il travaillait chez Fidelity Magellan. De 1977 à 1990, il a réalisé des rendements annuels moyens d'environ 30 %, ce qui a fait de Magellan le fonds commun de placement le plus performant au monde. Lynch est devenu l'une des personnes les plus puissantes du secteur bancaire grâce à ses décisions d'investissement judicieuses, qui lui ont valu une reconnaissance mondiale.

Toutefois, le monde des actions et des obligations n'est pas le seul endroit où réaliser des investissements rentables. L'immobilier, le capital-investissement et les crypto-monnaies sont quelques exemples d'investissements alternatifs qui ont récemment gagné en popularité en tant que choix attrayants pour les investisseurs qui tentent d'augmenter leurs profits et de diversifier leurs avoirs. Prenons l'exemple d'Elon Musk. En plus d'être un homme d'affaires prospère, il a réalisé des investissements judicieux dans des startups comme Tesla, SpaceX et SolarCity.

Les philosophies d'investissement de Musk découlent de sa conviction que la technologie a la capacité de faire progresser la société et de générer de la richesse. Musk est attiré par les secteurs de l'économie qui ont le pouvoir de changer radicalement le monde et de générer d'énormes profits pour les investisseurs, qu'il s'agisse de l'exploration spatiale, des énergies renouvelables ou de la technologie des voitures électriques. Grâce à ses investissements rentables dans des entreprises comme SpaceX et Tesla, il est devenu l'une des personnes les plus riches de la planète.

Mais la leçon la plus significative à tirer de ces histoires est peut-être qu'investir nécessite de la patience, de la maîtrise de soi et une vision à long terme. Même si les transactions spéculatives et les rendements rapides peuvent être séduisants, les investisseurs les plus performants suivent une approche disciplinée, restent attachés à leurs objectifs à long terme et sont prêts à affronter les inévitables hauts et bas du marché.

Inspirons-nous des investisseurs qui nous ont précédés en approfondissant les histoires de création et de distribution de richesse. Parce que leurs expériences nous enseignent de précieuses leçons sur la stratégie d'investissement et la gestion financière, mais elles nous rappellent également la nécessité de faire preuve de patience, de maîtrise de soi et d'avoir une vision à long terme tout en créant et en protégeant du patrimoine pour nous-mêmes et pour les générations futures.

Chapitre 7 : Risque et récompense : naviguer sur le marché financier

Dans le domaine de la création de richesse, le lien entre risque et rendement est une notion clé qui influence aussi bien les actions des investisseurs que des entrepreneurs. De la bourse à l'immobilier en passant par le capital-risque, chaque opportunité d'investissement comporte un certain degré de risque, et le potentiel de gain est souvent proportionnel au niveau de risque pris. Dans ce chapitre, nous étudierons les expériences d'individus qui ont négocié la complexité des marchés financiers, équilibrant les risques et les avantages pour réussir.

L'un de ces hommes est George Soros, dont la célèbre carrière d'investisseur et de philanthrope a fait de lui l'une des personnalités les plus puissantes du monde de la finance. En 1992, Soros a joué contre la livre sterling, prenant une importante position courte qui lui a rapporté un bénéfice estimé à 1 milliard de dollars et lui a valu le surnom de « l'homme qui a fait sauter la Banque d'Angleterre ».

La décision audacieuse de Soros n'était cependant pas sans danger. En pariant contre la livre sterling, il s'en prenait essentiellement au gouvernement britannique et à la Banque d'Angleterre, qui avaient juré de sauvegarder la valeur de la monnaie. Mais Soros n'a pas été intimidé, estimant que la livre sterling était surévaluée et prête à chuter. Son investissement a été spectaculaire, lui rapportant des milliards de dollars de bénéfices et renforçant son image d'investisseur le plus prospère de tous les temps.

Mais la réussite de Soros n'a pas été sans son lot de critiques. Ses techniques de trading agressives et sa volonté de s'en prendre aux gouvernements et aux organisations ont fait de lui un personnage controversé dans le monde de la finance, certains l'acclamant comme un investisseur visionnaire et d'autres le critiquant comme un spéculateur vicieux. Pourtant, quelle que soit l'opinion que l'on a de Soros, il ne fait aucun doute sur l'influence qu'il a exercée sur les marchés financiers et sur l'argent qu'il a gagné pour lui-même et pour ses investisseurs.

Mais Soros n'est pas le seul investisseur à avoir obtenu un grand succès en prenant des risques mesurés sur les marchés financiers. Prenons l'exemple de Ray Dalio, fondateur de Bridgewater Associates, l'un des fonds spéculatifs les plus importants et les plus performants au monde. En 1987, Dalio avait anticipé l'effondrement du marché boursier connu sous le nom de « lundi noir », qui a vu le Dow Jones Industrial Average chuter de plus de 22 % en une seule journée.

Le jugement précis de Dalio lui a permis de profiter largement de la chute du marché, lui rapportant des millions de dollars de gains et faisant de lui l'un des plus grands traders macro de son époque. Mais les compétences de Dalio en tant qu'investisseur vont au-delà de la simple anticipation des catastrophes du marché. Grâce à un mélange de recherches approfondies, de gestion disciplinée des risques et d'une volonté de défier les opinions conventionnelles, Dalio a fait de Bridgewater une puissance mondiale avec des milliards de dollars d'actifs sous gestion.

Mais les aléas inhérents aux marchés financiers ne se limitent pas aux investisseurs individuels. Prenons l'exemple de Long-Term Capital Management (LTCM), un fonds spéculatif créé par un groupe d'économistes lauréats du prix Nobel et d'éminents traders de Wall Street. À la fin des années 1990, LTCM est devenu l'un des fonds spéculatifs les plus importants et les plus performants au monde, produisant des rendements annuels de plus de 40 % et attirant des milliards de dollars de liquidités auprès des investisseurs.

Mais le triomphe du LTCM fut de courte durée. En 1998, le fonds a fait faillite de façon spectaculaire, perdant des milliards de dollars en quelques semaines et créant une crise financière mondiale qui menaçait de faire tomber l'ensemble du système bancaire. L'effondrement de LTCM a constitué un avertissement brutal quant aux dangers d'une prise de risque excessive et à l'importance d'une gestion efficace des risques sur les marchés financiers.

Pourtant, malgré les dangers et les incertitudes qui dominent les marchés financiers, le potentiel de gain reste important. Que ce soit grâce à une sélection de titres judicieuse, une allocation stratégique d'actifs ou des transactions opportunistes, les individus et les institutions présentés dans ce chapitre ont démontré qu'avec une planification minutieuse, une exécution disciplinée et une volonté d'accepter l'incertitude, il est possible d'obtenir un succès remarquable dans le monde. des finances.

Alors que nous poursuivons notre enquête sur les récits de création et de répartition des richesses, rappelons les leçons de ceux qui ont parcouru les marchés financiers avant nous. Car dans leurs histoires, nous trouvons non seulement des mises en garde contre les dangers d'une prise de risque excessive, mais aussi des rappels du potentiel de profit qui attend ceux qui sont prêts à prendre des risques mesurés et à saisir les opportunités dans leur quête de richesse et de prospérité.

Chapitre 8 : Le rôle de l'éducation : Donner aux individus les moyens de réussir financièrement

L'éducation joue un rôle clé en permettant aux individus de réussir financièrement et de générer de la richesse. Qu'il s'agisse d'acquérir des compétences spécialisées, d'obtenir des informations sur les finances personnelles ou de comprendre les nuances des marchés financiers, l'éducation offre la base sur laquelle les individus peuvent prendre des décisions éclairées et rechercher des possibilités de progrès et de réussite. Dans ce chapitre, nous étudierons les expériences d'individus qui ont utilisé le pouvoir de l'éducation pour surmonter les difficultés, atteindre leurs objectifs et acquérir de la richesse.

L'une de ces personnalités est Oprah Winfrey, dont le cheminement de la pauvreté à la richesse témoigne du pouvoir transformateur de l'éducation. Bien qu'elle ait grandi dans la pauvreté dans la campagne du Mississippi, Winfrey a compris dès son plus jeune âge la nécessité de l'éducation et a travaillé avec soin pour réussir à l'école. Ses talents académiques lui ont valu une bourse à la Tennessee State University, où elle a étudié la communication et affiné ses capacités de radiodiffuseur.

Après avoir obtenu son diplôme universitaire, Winfrey a commencé une carrière dans le journalisme, pour finalement trouver un emploi de présentatrice de journaux télévisés. Mais c'est son travail en tant que présentatrice de "The Oprah Winfrey Show" qui l'a propulsée vers la gloire et l'argent. Grâce à son talk-show, Winfrey a non seulement amusé et inspiré des millions de personnes, mais a également utilisé sa plateforme pour enseigner à son public des problèmes sociaux importants, des finances personnelles et le développement personnel.

Le dévouement de Winfrey à l'éducation et au perfectionnement personnel a été un concept moteur tout au long de sa vie et de son travail. En plus de son travail à la télévision, Winfrey a également beaucoup investi dans l'éducation à travers des programmes tels que l'Oprah Winfrey Leadership Academy for Girls, un internat en Afrique du Sud qui offre des opportunités éducatives aux jeunes femmes défavorisées. Grâce à sa générosité et son activisme, Winfrey a œuvré pour inspirer d'innombrables personnes à suivre leurs aspirations et à établir une vie meilleure pour elles-mêmes et leurs familles.

Mais Winfrey n'est pas la seule à avoir réussi grâce au pouvoir de l'éducation. Prenons l'exemple d'Elon Musk, dont la curiosité vorace et la quête de connaissances ont propulsé son incroyable carrière d'entrepreneur et d'innovateur. Le chemin du succès de Musk a commencé avec une base solide en science et technologie, qu'il a acquise grâce à ses études à l'Université de Pennsylvanie, puis grâce à des études autodirigées et une expérience pratique.

L'éducation de Musk l'a doté des informations et des capacités dont il avait besoin pour réaliser ses nobles aspirations, de la création de véhicules électriques chez Tesla au peuplement de Mars avec SpaceX. Mais peut-être plus important encore, cela a établi en lui une dévotion à vie pour l'étude et l'amélioration personnelle. Musk est reconnu pour ses habitudes de lecture passionnées et son désir de s'immerger dans de nombreuses disciplines d'études, de la physique et de l'ingénierie à l'économie et à la psychologie.

Grâce à sa volonté d'étudier et de se perfectionner, Musk a pu surmonter plusieurs obstacles et déceptions sur son chemin vers le succès. Qu'il s'agisse de lancer des fusées dans l'espace, de construire la plus grande usine de batteries au monde ou de révolutionner l'industrie des transports, la quête incessante de connaissances de Musk et sa volonté de repousser les limites du possible lui ont permis de réaliser des exploits remarquables et d'amasser d'immenses richesses. .

Mais l'influence de l'éducation s'étend bien au-delà du domaine universitaire et de l'entrepreneuriat. Aux quatre coins du monde, les individus exploitent le potentiel de transformation de l'éducation pour améliorer leur vie et construire un avenir meilleur pour eux-mêmes et leurs communautés. Qu'il s'agisse de programmes d'éducation formelle, de formation professionnelle ou d'apprentissage autonome, l'éducation fournit aux individus les outils et les ressources dont ils ont besoin pour s'épanouir dans un environnement de plus en plus complexe et compétitif.

Prenons l'exemple de Malala Yousafzai, la militante pakistanaise qui a combattu les talibans et a risqué sa vie pour promouvoir l'éducation des filles. La lutte courageuse de Yousafzai contre la persécution et son dévouement inébranlable à l'éducation ont fait d'elle un symbole mondial d'espoir et d'inspiration. Malgré les menaces et les violences persistantes, Yousafzai a continué à lutter pour le droit de chaque enfant à recevoir une éducation adéquate, ce qui lui a valu le prix Nobel de la paix en 2014 et une plateforme pour promouvoir sa cause sur la scène internationale.

L'histoire de Yousafzai est un rappel frappant du potentiel transformationnel de l'éducation pour améliorer les vies et les communautés. En fournissant aux individus les informations et les compétences dont ils ont besoin pour s'épanouir, l'éducation ouvre non seulement les portes des opportunités économiques, mais favorise également un sentiment d'autonomisation, de dignité et d'estime de soi.

Mais si l'éducation peut fournir aux individus les outils dont ils ont besoin pour réussir, elle n'est pas sans obstacles et limites. Dans de nombreuses régions du monde, l'accès à une éducation décente reste un privilège plutôt qu'un droit, des millions d'enfants et de personnes étant privés de la possibilité d'étudier et de réaliser leur potentiel. Remédier à ces inégalités et garantir que l'éducation soit accessible à tous n'est pas seulement un devoir moral, mais aussi un investissement stratégique dans la prospérité et la sécurité futures des pays du monde entier.

Alors que nous poursuivons notre étude des récits de création et de répartition des richesses, rappelons-nous le potentiel transformationnel de l'éducation pour améliorer les vies et les communautés pour le mieux. Car dans les histoires de ceux qui ont exploité le pouvoir de l'éducation pour surmonter l'adversité et réussir, nous trouvons non seulement de l'inspiration et de l'espoir, mais aussi un puissant rappel du potentiel qui réside en chacun de nous pour apprendre, grandir et construire un avenir meilleur pour nous-mêmes et pour les générations futures.

Chapitre 9 : Exploiter la technologie : transformer les industries et créer de la richesse

Dans la période contemporaine, la technologie est devenue une force puissante pour stimuler l'innovation, bouleverser les secteurs conventionnels et produire de la richesse à une échelle sans précédent. De l'essor d'Internet à l'avènement de l'intelligence artificielle, les avancées technologiques ont radicalement transformé notre façon de vivre, de travailler et de faire des affaires. Dans ce chapitre, nous enquêterons sur les histoires d'individus qui ont utilisé le pouvoir de la technologie pour modifier des entreprises et accumuler de grandes richesses.

L'un de ces personnages est Jeff Bezos, dont le développement d'Amazon a transformé le commerce de détail et fait de lui l'une des personnes les plus riches du monde. En 1994, Bezos a créé Amazon en tant que librairie en ligne avec la vision de développer un « magasin de tout » qui offrirait aux clients un assortiment inégalé d'articles à des prix bon marché. Grâce à un mélange de technologies créatives, d'alliances judicieuses et d'un accent infatigable sur le plaisir du client, Bezos a fait d'Amazon le plus grand détaillant en ligne au monde, avec des milliards de dollars de revenus annuels et une valeur marchande de plusieurs milliards.

Mais les objectifs de Bezos vont bien au-delà du simple commerce électronique. Ces dernières années, Amazon s'est développé dans un large éventail d'industries, notamment le cloud computing, le streaming numérique et l'intelligence artificielle, plaçant l'entreprise comme un acteur dominant dans l'économie mondiale. La quête continue d'innovation de Bezos et sa volonté d'accepter les nouvelles technologies ont aidé Amazon à garder une longueur d'avance sur la concurrence et à continuer de construire et de diversifier son empire d'entreprise.

Mais Bezos n'est pas le premier entrepreneur à avoir obtenu un énorme succès en utilisant la puissance de la technologie. Prenons l'exemple d'Elon Musk, dont le leadership créatif a modifié des secteurs allant de l'automobile électrique à l'exploration spatiale. En 2004, Musk a créé Tesla avec l'intention d'accélérer la transition mondiale vers une énergie durable grâce à la fabrication en masse d'automobiles électriques. Grâce à un mélange de technologie de pointe, de conception imaginative et d'un souci constant de la qualité, Musk a fait de Tesla l'une des entreprises automobiles les plus valorisées au monde, avec une valeur marchande de plusieurs centaines de milliards de dollars.

Mais les objectifs de Musk vont bien au-delà des simples automobiles électriques. Outre Tesla, Musk est également le fondateur et PDG de SpaceX, une entreprise aérospatiale privée qui change l'industrie spatiale grâce au développement de la technologie des fusées réutilisables et aux aspirations grandioses de colonisation humaine de Mars. La poursuite incessante de Musk en matière d'innovation technique et sa volonté d'assumer des ambitions audacieuses ont fait de lui l'une des personnalités les plus éminentes et les plus admirées du monde de la technologie et de l'entrepreneuriat.

Mais l'impact révolutionnaire de la technologie ne se limite pas au commerce électronique et aux avions. Ces dernières années, les avancées dans les domaines de l'intelligence artificielle, de la blockchain et de la biotechnologie ont ouvert de nouvelles possibilités aux entrepreneurs pour bouleverser les anciens secteurs et produire des richesses de manière totalement nouvelle. Prenons l'exemple de Mark Zuckerberg, dont le développement de Facebook a révolutionné la façon dont les gens se connectent et communiquent en ligne. En 2004, alors qu'il étudiait à l'Université Harvard, Zuckerberg a développé « Thefacebook », une plateforme de réseautage social qui allait devenir l'un des sites Web les plus célèbres au monde.

Grâce à un mélange de technologies créatives, d'acquisitions judicieuses et d'un accent constant sur l'expérience utilisateur, Zuckerberg a fait de Facebook un phénomène mondial, générant des milliards d'utilisateurs et des milliards de dollars de revenus. Mais les objectifs de Zuckerberg vont bien au-delà des simples réseaux sociaux. Ces dernières années, Facebook s'est développé pour devenir un large éventail d'activités, notamment la publicité numérique, la réalité virtuelle et les crypto-monnaies, plaçant l'entreprise comme un acteur dominant dans l'industrie technologique.

Mais l'aspect le plus fascinant du pouvoir révolutionnaire de la technologie réside sans doute dans sa capacité à répondre à certaines des préoccupations les plus graves de la planète, du changement climatique aux soins de santé en passant par la réduction de la pauvreté. Prenons l'exemple de Bill Gates, dont les activités philanthropiques par l'intermédiaire de la Fondation Bill & Melinda Gates visent à tirer parti de la technologie pour améliorer la vie des personnes à travers le monde. Que ce soit via des investissements dans l'énergie durable, la recherche sur les soins de santé ou des projets éducatifs, Gates utilise son argent et son influence pour provoquer un changement positif à l'échelle mondiale.

Mais même si la technologie est extrêmement prometteuse en matière de transformation des entreprises et de production de richesse, elle présente également des obstacles et des dangers qui doivent être correctement maîtrisés. Des dangers liés à la cybersécurité aux inquiétudes concernant la vie privée et l'exploitation des données, la rapidité des progrès technologiques a engendré des défis éthiques et sociaux critiques qui doivent être relevés. Alors que nous continuons à exploiter le pouvoir de la technologie pour promouvoir la croissance et la prospérité, il est impératif que nous le fassions de manière responsable et en nous engageant à garantir que les avantages du progrès technologique soient partagés par tous.

Alors que nous terminons notre enquête sur le potentiel de transformation de la technologie, rappelons les mots d'Arthur C. Clarke : « Toute technologie suffisamment avancée ne peut être distinguée de la magie. » Entre les mains d'entrepreneurs créatifs et d'inventeurs, la technologie a la capacité de modifier les industries, de perturber les marchés et de générer de la richesse à une échelle autrefois inimaginable. Mais rappelons-nous également qu'un grand pouvoir implique de grandes responsabilités et qu'il appartient à chacun d'entre nous de veiller à ce que les bénéfices de l'innovation technologique soient exploités pour le plus grand bien-être de la société dans son ensemble.

Chapitre 10 : L'influence du mentorat : apprendre des maîtres de la richesse

Le mentorat joue un rôle essentiel dans la création de richesse, en fournissant aux individus une orientation, un soutien et des informations importantes dérivées des expériences de ceux qui les ont précédés. Qu'il s'agisse d'entrepreneurs chevronnés ou d'investisseurs chevronnés, les mentors agissent en tant que conseillers de confiance et modèles, apportant des connaissances et des compétences qui peuvent aider les mentorés à gérer la complexité du monde des affaires et à atteindre leurs objectifs financiers. Dans ce chapitre, nous étudierons l'effet significatif du mentorat sur les voies menant à la création de richesse, en nous inspirant des expériences de ceux qui ont bénéficié de la direction de mentors.

L'une de ces personnes est Warren Buffett, dont le mentorat auprès d'innombrables investisseurs et entrepreneurs lui a valu la réputation d'être l'une des personnalités les plus importantes du monde de la finance. Le parcours personnel de Buffett vers le succès a été inspiré en grande partie par son mentor, Benjamin Graham, le célèbre investisseur et auteur de « The Intelligent Investor ». Au cours des premières années de sa carrière, Buffett a étudié auprès de Graham à la Columbia Business School, où il a acquis les concepts de l'investissement de valeur et a formé le cadre analytique qui régirait ses décisions d'investissement pour les décennies à venir.

Mais le mentorat de Buffett envers les autres va bien au-delà du simple enseignement des idées d'investissement axé sur la valeur. Au fil des années, Buffett a agi en tant que mentor et conseiller auprès d'innombrables personnes, donnant orientation et assistance aux aspirants investisseurs et entrepreneurs espérant suivre ses traces. Qu'il s'agisse de conseils sur les techniques d'investissement ou de partage d'informations sur la gestion et le leadership d'une entreprise, le mentorat de Buffett a eu une influence considérable sur la vie et la carrière d'innombrables personnes à travers le monde.

Prenons l'exemple de Bill Gates, qui attribue à Buffett une orientation et une aide cruciales tout au long de sa propre carrière d'entrepreneur et de philanthrope. Au début de Microsoft, Gates a sollicité les conseils de Buffett sur une grande variété de sujets, depuis la stratégie d'entreprise jusqu'à la gestion financière. Le coaching de Buffett a aidé Gates à surmonter les obstacles liés au développement d'une entreprise prospère et lui a donné la confiance et la clarté dont il avait besoin pour réaliser ses nobles ambitions.

Mais Buffett n'est pas le seul gourou à avoir influencé les voies du développement de la richesse. Prenons l'exemple d'Oprah Winfrey, dont la carrière de magnat des médias a été influencée en partie par la direction de son mentor, Roger Ebert, célèbre critique de cinéma et personnalité de la télévision. Au cours des premières années de sa carrière, Winfrey a travaillé comme présentatrice de nouvelles locales à Chicago, où elle a noué une solide connaissance avec Ebert, qui a remarqué son génie et l'a poussée à suivre ses aspirations dans le secteur du divertissement.

La tutelle d'Ebert a fourni à Winfrey la confiance et le soutien dont elle avait besoin pour prendre des risques et explorer les possibilités dans le monde compétitif de la télévision et du cinéma. Son mentorat l'a aidée à surmonter les obstacles liés au développement d'une carrière réussie dans le journalisme et lui a donné une caisse de résonance et une source d'inspiration lorsque les temps étaient difficiles. Winfrey remercie Ebert de l'avoir aidée à surmonter les défis et à atteindre ses objectifs, et son impact continue d'être visible dans son travail à ce jour.

Mais l'élément le plus essentiel du mentorat n'est peut-être pas simplement l'orientation et les conseils fournis par les mentors, mais aussi l'inspiration et la motivation qu'ils apportent aux mentorés pour qu'ils suivent leurs aspirations et dépassent leurs limites. Prenons l'exemple d'Elon Musk, qui attribue en partie son propre succès au mentorat de son mentor, Larry Page, cofondateur de Google. Au début de SpaceX, Musk a sollicité les conseils de Page sur une grande variété de sujets, depuis les obstacles techniques jusqu'à la stratégie d'entreprise.

Le coaching de Page a aidé Musk à gérer la complexité du secteur aérospatial et lui a fourni la confiance et le soutien dont il avait besoin pour atteindre ses nobles objectifs. Son mentorat et son soutien ont permis à Musk de prendre des risques et de repousser les limites de ce qui était réalisable, conduisant finalement au succès de SpaceX et d'autres entreprises. Le parcours de mentorat de Musk constitue un rappel frappant de l'influence transformatrice que les mentors peuvent avoir sur la vie et la carrière de leurs mentorés.

Mais même si le mentorat peut apporter une orientation et un soutien essentiels, il n'est pas sans obstacles et limites. Trouver le bon mentor, créer une connexion significative et négocier les nuances de la relation mentor-mentoré nécessitent du temps, des efforts et du dévouement de la part des deux parties. De plus, le mentorat n'est pas une approche universelle, et ce qui fonctionne pour une personne ne fonctionne pas nécessairement pour une autre.

Alors que nous terminons notre examen de l'effet du mentorat sur les chemins vers la création de richesse, rappelons les mots de Maya Angelou : « Quand vous apprenez, enseignez. Quand vous obtenez, donnez. Le mentorat ne consiste pas seulement à partager des informations et des compétences ; il s'agit de donner au suivant et d'aider les autres à atteindre leur plus grand potentiel. En partageant nos expériences, en offrant des conseils et du soutien, et en servant de modèles et de mentors à la prochaine génération de créateurs de richesse, nous pouvons garantir que l'héritage du mentorat continue d'inspirer et de donner aux individus les moyens d'atteindre leurs objectifs financiers et de bâtir une vie plus brillante et plus riche. avenir pour eux-mêmes et pour les générations futures.

Chapitre 11 : Philanthropie de richesse : redonner au suivant et faire la différence

La philanthropie de richesse ne se résume pas à la simple rédaction d'un chèque ; il s'agit d'avoir un impact significatif sur le monde et de laisser un héritage qui s'étend bien au-delà de sa vie. Qu'il s'agisse de financer des initiatives éducatives, de soutenir des programmes de santé ou de promouvoir la conservation de l'environnement, les philanthropes ont le pouvoir de relever certains des défis mondiaux les plus urgents et de créer un changement positif à l'échelle mondiale. Dans ce chapitre, nous explorerons les histoires d'individus et de familles qui ont adopté la philanthropie de richesse comme moyen de redonner et de faire une différence dans le monde.

L'un de ces individus est Warren Buffett, dont l'engagement philanthropique a fait de lui l'une des personnalités les plus influentes et les plus admirées du monde de la philanthropie. En 2006, Buffett a fait la une des journaux lorsqu'il a annoncé qu'il donnerait la majorité de sa fortune à des causes caritatives, la majeure partie étant reversée à la Fondation Bill & Melinda Gates. L'engagement de Buffett de donner des milliards de dollars pour soutenir des initiatives visant à améliorer la santé mondiale, à réduire la pauvreté et à élargir l'accès à l'éducation a eu un impact profond sur le monde, inspirant d'autres à suivre son exemple et à donner généreusement à de bonnes causes.

Mais la philanthropie de Buffett ne se limite pas aux seuls dons financiers. Il s'est également engagé à utiliser son influence et son expertise pour plaider en faveur de changements politiques et promouvoir les questions de justice sociale. Grâce à son implication dans des organisations telles que Giving Pledge, Buffett a encouragé d'autres personnes fortunées à se joindre à lui en s'engageant à donner la majorité de leur richesse à des causes caritatives, créant ainsi un mouvement philanthropique qui contribue à relever certains des défis les plus urgents du monde.

Mais Buffett n'est pas le seul philanthrope à avoir eu un impact significatif sur le monde. Prenons le cas de Melinda Gates, dont le travail par l'intermédiaire de la Fondation Bill & Melinda Gates a contribué à améliorer la vie de millions de personnes dans le monde. Depuis sa création en 2000, la Fondation Gates a investi des milliards de dollars dans des initiatives visant à résoudre un large éventail de problèmes sociaux et environnementaux, allant de la lutte contre les maladies infectieuses comme le VIH/SIDA et le paludisme à l'amélioration de l'accès à l'éducation et aux opportunités économiques pour les femmes et les filles. .

Grâce à sa direction de la Fondation Gates, Melinda Gates a défendu sans relâche l'égalité des sexes et l'autonomisation des femmes, s'efforçant d'éliminer les barrières et de créer des opportunités permettant aux femmes et aux filles de s'épanouir. Son engagement envers la philanthropie lui a valu des éloges et une reconnaissance généralisée, notamment en étant nommée l'une des « 100 personnes les plus influentes au monde » par le magazine Time.

Mais la philanthropie ne consiste pas seulement à donner de l'argent ; il s'agit également de tirer parti de ses ressources, de son expertise et de son influence pour créer un changement systémique et s'attaquer aux causes profondes des problèmes sociaux et environnementaux. Prenons le cas de Mark Zuckerberg et Priscilla Chan, qui ont fondé l'Initiative Chan Zuckerberg en 2015 dans le but d'utiliser la technologie pour faire progresser le potentiel humain et promouvoir l'égalité pour tous les enfants de la prochaine génération.

Par l'intermédiaire de leur fondation, Zuckerberg et Chan se sont engagés à donner 99 % de leurs actions Facebook à des causes caritatives au cours de leur vie, ce qui en fait l'un des plus grands engagements philanthropiques de l'histoire. Depuis sa création, l'Initiative Chan Zuckerberg a investi des milliards de dollars dans des initiatives visant à relever certains des défis mondiaux les plus urgents, allant de l'amélioration de l'éducation et des soins de santé à l'avancement de la recherche scientifique et à la réforme de la justice pénale.

Mais l'aspect le plus inspirant de la philanthropie de richesse n'est peut-être pas seulement le montant d'argent donné, mais aussi l'impact qu'il a sur la vie des individus et des communautés du monde entier. Qu'il s'agisse de fournir un accès à l'eau potable aux communautés dans le besoin, de financer la recherche médicale pour trouver des remèdes à des maladies mortelles ou de soutenir les efforts de conservation de l'environnement visant à protéger notre planète pour les générations futures, la philanthropie a le pouvoir de changer des vies et de rendre le monde meilleur.

Alors que nous poursuivons notre exploration du rôle de la philanthropie de richesse dans le façonnement de la société et la promotion du bien commun, rappelons-nous les paroles du Mahatma Gandhi : « La meilleure façon de se retrouver est de se perdre au service des autres. » En adoptant les principes de générosité, de compassion et de responsabilité sociale, nous pouvons exploiter le pouvoir de la philanthropie de richesse pour créer un avenir meilleur et plus équitable pour tous.

Chapitre 12 : L'héritage familial : transmettre la richesse à travers les générations

L'héritage familial ne se résume pas à la simple transmission de richesses ; il s'agit de transmettre des valeurs, de maintenir les traditions et de garantir que les générations futures disposent des compétences et des chances dont elles ont besoin pour s'épanouir. Qu'il s'agisse de développer des entreprises prospères, de créer des fondations généreuses ou de transmettre des connaissances financières, les familles jouent un rôle essentiel en influençant le sort de leurs descendants et en laissant une marque durable sur le monde. Dans ce chapitre, nous étudierons les expériences de familles qui ont réussi à transmettre leur richesse entre les générations, en négociant les difficultés des relations familiales, de l'héritage et de la planification de la succession tout au long du chemin.

L'une de ces familles est la famille Rockefeller, dont le nom est devenu synonyme de richesse, de pouvoir et de générosité. Fondée par John D. Rockefeller à la fin du XIXe siècle, la dynastie Rockefeller a développé un immense empire grâce à sa propriété de Standard Oil, l'une des entreprises les plus grandes et les plus importantes au monde à l'époque. Mais plutôt que de simplement collecter des richesses pour leur avantage personnel, les Rockefeller considéraient leur fortune comme un moyen d'avoir un effet bénéfique sur la société et de redonner à leurs communautés.

En 1913, John D. Rockefeller Sr. créa la Fondation Rockefeller, l'une des premières et des plus grandes organisations caritatives au monde. Par l'intermédiaire de leur fondation, les Rockefeller ont engagé des milliards de dollars dans des programmes visant à améliorer la santé mondiale, à élargir l'accès à l'éducation et à encourager la protection de l'environnement. Au fil des années, la famille Rockefeller a continué à jouer un rôle de leader en matière de philanthropie, les générations suivantes poursuivant leur héritage de redonner et de faire une différence dans le monde.

Mais l'impact de la famille Rockefeller s'étend au-delà de la simple philanthropie ; cela intègre également leur attitude envers les affaires et l'entrepreneuriat. En plus de Standard Oil, les Rockefeller ont créé des entreprises rentables dans des domaines allant de la banque à l'immobilier en passant par l'hôtellerie, générant un large portefeuille d'intérêts qui a servi à maintenir et à développer leur fortune au fil des années. Grâce à leur dévouement à l'innovation, à la diversité et à leur réflexion à long terme, les Rockefeller ont assuré que leur héritage familial survivra pendant des décennies.

Mais la famille Rockefeller n'est pas la seule à avoir réussi à transmettre ses richesses au fil des générations. Prenons l'exemple de la famille Walton, dont la fortune reposait sur le succès de Walmart, le plus grand détaillant au monde. Fondé par Sam Walton en 1962, Walmart est passé d'un simple magasin bon marché en Arkansas à un géant mondial comptant des centaines de magasins à travers le monde. Mais plutôt que de simplement encaisser et profiter de leur argent, la famille Walton a réinvesti ses bénéfices dans son entreprise et diversifié ses intérêts, assurant ainsi la viabilité à long terme et l'expansion de sa fortune familiale.

En plus de leur succès commercial, la famille Walton s'est également impliquée dans la philanthropie, en mettant l'accent sur l'éducation, les soins de santé et le développement communautaire. Par l'intermédiaire de sa fondation caritative, la famille Walton a contribué à hauteur de milliards de dollars à des programmes visant à améliorer l'accès à une éducation de qualité, à créer des opportunités économiques et à répondre aux préoccupations sociales et environnementales. En combinant leurs compétences économiques avec leur dévouement à redonner, la famille Walton a établi un formidable héritage familial qui continuera à avoir une influence positive sur le monde pendant des siècles à venir.

Mais la transmission des richesses entre générations n'est pas sans obstacles. La dynamique familiale, les conflits de succession et l'évolution des conditions économiques peuvent tous constituer des obstacles au maintien et au développement du patrimoine familial au fil du temps. C'est pourquoi les familles fortunées consacrent du temps et de l'argent à l'élaboration de plans successoraux, de structures de fiducie et de processus de gouvernance approfondis pour garantir que leur patrimoine est géré et dispersé de manière responsable et durable.

Une famille qui a réussi à relever les défis du transfert de richesse est la famille Mars, dont la fortune repose sur le succès de Mars, Incorporated, l'une des entreprises alimentaires les plus importantes et les plus rentables au monde. Fondée par Franklin Clarence Mars en 1911, Mars, Incorporated est passée d'un petit producteur de bonbons à une entreprise multinationale avec un portefeuille varié de marques, notamment Mars, Snickers et M&M's.

Grâce à une planification et une gestion méticuleuses, la famille Mars a réussi à transmettre sa richesse et son empire d'entreprise aux générations futures, tout en conservant son engagement envers la charité et la responsabilité sociale. En plus de leur réussite financière, la famille Mars s'est également impliquée dans des activités philanthropiques, en mettant l'accent sur la protection de l'environnement, le bien-être des animaux et les droits de l'homme. Par l'intermédiaire de sa fondation caritative, la famille Mars a contribué à hauteur de millions de dollars à des activités visant à sauvegarder la planète et à améliorer la vie des personnes et des animaux à travers le monde.

Alors que nous terminons notre examen de l'importance de l'héritage familial dans la transmission de l'argent à travers les générations, rappelons les mots d'Andrew Carnegie : « L'homme qui meurt riche meurt déshonoré ». En adoptant les valeurs d'intendance, de responsabilité et de redevabilité, les familles qui réussissent peuvent garantir que leur richesse aura une influence significative sur le monde et créera un héritage durable qui se poursuivra pour les générations à venir.

Chapitre 13 : Le côté obscur : explorer les pièges et les défis

Même si le chemin qui mène de la pauvreté à la richesse est souvent salué comme un récit de triomphe et de réussite, il n'est pas sans périls ni sans difficultés. Derrière l'éclat et le glamour de la création de richesse se cachent des vérités plus sombres : des histoires d'avidité, de corruption et de compromis moral qui peuvent entacher même les fortunes les plus légendaires. Dans ce chapitre, nous étudierons le côté le plus sombre de la production et de la répartition des richesses, en mettant en lumière les problèmes et les dilemmes éthiques auxquels les individus et les familles aisés peuvent être confrontés en cours de route.

L'un des dangers les plus notables du développement de la richesse est le désir de faire passer le profit avant l'éthique, ce qui conduit à toute une série d'actions et de pratiques contraires à l'éthique. Prenons l'exemple d'Enron, autrefois l'une des entreprises les plus importantes et les plus admirées au monde. Fondée en 1985, Enron s'est rapidement imposée comme l'une des principales sociétés de négoce d'énergie, avec des bénéfices s'élevant à plusieurs milliards. Mais en coulisses, les dirigeants d'Enron se sont livrés à toute une série d'actions frauduleuses, notamment des fraudes comptables, des délits d'initiés et des manipulations de marché, pour gonfler les bénéfices de l'entreprise et s'enrichir aux dépens des investisseurs et des employés.

En 2001, Enron a déposé son bilan lors de l'un des plus grands scandales d'entreprise de l'histoire, entraînant des milliards de dollars de dommages pour les investisseurs et les employés et ruinant la réputation de ses dirigeants. L'incident d'Enron sert de mise en garde sur les dangers d'une cupidité effrénée et sur la nécessité d'un leadership éthique et d'une gouvernance d'entreprise dans le développement de la richesse.

Mais les comportements contraires à l'éthique ne se limitent pas aux seuls dirigeants d'entreprise ; cela se voit également dans le domaine de la haute finance et de l'investissement. Prenons l'exemple de Bernie Madoff, dont la chaîne de Ponzi a trompé les investisseurs de milliards de dollars sur plusieurs décennies. Madoff, célèbre conseiller financier et ancien président de la bourse NASDAQ, attirait les investisseurs en leur promettant de gros rendements et peu de risques, pour ensuite utiliser leur argent pour rembourser les investisseurs précédents et financer son style de vie extravagant.

En 2008, la combine à la Ponzi de Madoff s'est effondrée, entraînant son arrestation et sa condamnation pour plusieurs accusations de fraude et de délits liés aux valeurs mobilières. La crise Madoff a provoqué une onde de choc dans le monde financier, soulignant les dangers d'une cupidité effrénée et la nécessité d'une surveillance et d'une réglementation accrues du secteur de l'investissement. Les victimes de Madoff, dont beaucoup étaient des gens ordinaires qui lui avaient confié leurs économies, ont été bouleversées par la perte de leur argent durement gagné et par la trahison de leur confiance.

Mais les comportements contraires à l'éthique ne se limitent pas aux seuls chefs d'entreprise et aux gourous de l'investissement ; cela peut également être observé dans le domaine politique et gouvernemental. Prenons l'exemple de l'ancien Premier ministre malaisien Najib Razak, qui a été mêlé à un vaste scandale de corruption impliquant le détournement de milliards de dollars d'un fonds d'investissement gouvernemental connu sous le nom de 1MDB. Razak, qui a été Premier ministre de 2009 à 2018, aurait exploité sa position de pouvoir pour siphonner des milliards de dollars du fonds à des fins personnelles, en utilisant cet argent pour financer des modes de vie opulents, acquérir des biens immobiliers coûteux et financer des campagnes politiques.

En 2018, Razak a été arrêté et accusé de nombreux chefs d'accusation de corruption, d'abus de pouvoir et de blanchiment d'argent en lien avec la crise 1MDB. La controverse a provoqué une onde de choc au sein de l'élite politique malaisienne et a culminé avec la chute de Razak de ses fonctions lors des élections générales de 2018. L'affaire 1MDB nous rappelle brutalement les effets corrosifs de la corruption et la nécessité d'une plus grande ouverture et d'une plus grande responsabilité au sein du gouvernement.

Mais l'inconvénient le plus insidieux de la croissance de la richesse réside sans doute dans les conséquences néfastes qu'elle peut avoir sur la santé mentale et le bien-être des individus. Les responsabilités liées à la gestion d'énormes fortunes, à la négociation d'opérations commerciales complexes et à la préservation des impressions publiques de réussite et de perfection peuvent avoir des conséquences désastreuses, même pour les individus les plus tenaces. Prenons l'exemple de Kate Spade, l'éminente créatrice de mode qui s'est malheureusement suicidée en 2018 après avoir souffert de dépression et d'anxiété pendant des années.

Le suicide de Spade a ébranlé le monde de la mode et déclenché un débat sur les exigences de célébrité, de succès et de fortune dans un secteur reconnu pour son éclat et ses excès. L'expérience de Spade nous rappelle la nécessité de prendre soin de soi et de sa santé mentale, même face à un succès et à une fortune apparemment insurmontables.

Alors que nous concluons notre exploration du côté le plus sombre de la création et de la distribution des richesses, rappelons-nous les paroles du Mahatma Gandhi : « Richesse sans travail, plaisir sans conscience, connaissance sans caractère, commerce sans moralité, science sans humanité, culte sans sacrifice, politique ». sans principe." En reconnaissant les défis et les pièges de la création de richesse et en nous efforçant de respecter les principes et valeurs éthiques dans notre quête du succès, nous pouvons garantir que notre parcours des haillons à la richesse soit marqué non seulement par la prospérité financière, mais également par l'intégrité, la compassion et l'engagement. à rendre le monde meilleur.

Chapitre 14 : Richesse et pouvoir : examen de l'intersection de l'influence et de la prospérité

La richesse et le pouvoir sont depuis longtemps liés, les individus et les familles exploitant leurs richesses financières pour exercer une influence et changer le cours de l'histoire. Des dirigeants politiques aux magnats du commerce en passant par les philanthropes, les personnes qui possèdent de la richesse exercent généralement un impact considérable sur les décisions et l'orientation de la société. Dans ce chapitre, nous approfondirons le lien complexe entre richesse et pouvoir, en analysant comment les deux se croisent et s'influencent mutuellement dans la quête du succès.

L'un des exemples les plus évidents de la confluence de l'argent et du pouvoir est le rôle des dirigeants politiques et des responsables gouvernementaux dans l'élaboration de la politique et de la réglementation économiques. Prenons l'exemple de Franklin D. Roosevelt, le 32e président des États-Unis, dont les mesures du New Deal ont permis de sortir le pays de la Grande Dépression et de restructurer l'économie américaine pour les décennies à venir. L'administration de Roosevelt a adopté un certain nombre de politiques visant à apporter un soulagement, une reprise et des réformes, notamment la construction de filets de sécurité sociale comme la sécurité sociale et la régulation des marchés financiers via des mesures comme la loi Glass-Steagall.

Les projets du New Deal de Roosevelt ont rencontré une hostilité véhémente de la part de certains secteurs, notamment de particuliers aisés et de groupes commerciaux qui les considéraient comme une ingérence excessive du gouvernement dans l'économie. Mais la détermination de Roosevelt à s'attaquer à de puissants intérêts bien établis et à entreprendre de grands changements a contribué à restaurer la confiance du public dans le gouvernement et à jeter les bases d'une société plus égalitaire et plus prospère.

Mais l'impact de la richesse en politique ne se limite pas aux seuls responsables gouvernementaux ; on le retrouve également dans le domaine du lobbying et de l'argent des campagnes. Prenons l'exemple des frères Koch, Charles et David Koch, dont les immenses richesses et le réseau d'organisations politiques en ont fait l'un des personnages les plus importants de la politique américaine. Grâce à leur société, Koch Industries, les frères Koch ont bâti une richesse estimée à des milliards de dollars, qu'ils ont utilisée pour soutenir des campagnes politiques, des groupes de défense et des groupes de réflexion qui promeuvent leur programme libertaire et conservateur.

L'influence politique des frères Koch s'est manifestée tant au niveau de l'État qu'au niveau national, leur argent jouant un rôle crucial dans l'orientation des discussions sur des sujets tels que le changement climatique, la fiscalité et les soins de santé. Les critiques estiment que l'influence démesurée des frères Koch en politique a porté atteinte à la démocratie et permis à des individus et des entreprises fortunés d'exercer une influence disproportionnée sur le processus politique.

Mais l'impact de l'argent s'étend au-delà de la seule politique ; on le retrouve également dans le domaine des affaires et de la finance. Prenons l'exemple de Jamie Dimon, PDG de JPMorgan Chase, l'une des banques les plus grandes et les plus puissantes au monde. La direction de Dimon au sein de JPMorgan Chase a fait de lui l'une des personnalités les plus importantes du secteur financier, ses pensées et ses choix ayant un poids considérable dans le monde de la finance et au-delà.

L'impact de Dimon dans le monde des affaires s'étend au-delà de la simple JPMorgan Chase ; il est également une voix éminente sur des sujets allant de la gouvernance d'entreprise à la politique économique en passant par la responsabilité sociale. En tant que président de la Business Roundtable, une association de PDG de grandes entreprises américaines, Dimon a fait campagne en faveur de politiques encourageant la croissance économique et la durabilité à long terme, y compris des investissements dans les infrastructures, l'éducation et le développement de la main-d'œuvre.

Mais le pouvoir de l'argent ne se limite pas aux seules personnes ; on le retrouve également dans le domaine de la charité et de l'entreprise sociale. Prenons l'exemple de Bill Gates, dont l'immense fortune et l'organisation philanthropique, l'organisation Bill & Melinda Gates, ont fait de lui l'un des philanthropes les plus puissants au monde. Par l'intermédiaire de leur fondation, les Gates ont engagé des milliards de dollars dans des programmes visant à améliorer la santé mondiale, à réduire la pauvreté et à élargir l'accès à l'éducation.

L'influence de la Fondation Gates dans le domaine de la philanthropie s'étend bien au-delà des simples dons en espèces ; cela implique également des collaborations avec les gouvernements, les ONG et d'autres parties prenantes pour résoudre certaines des préoccupations les plus critiques au monde. Grâce à leurs investissements stratégiques et à leurs activités de plaidoyer, les Gates ont œuvré pour mobiliser des ressources et sensibiliser aux défis tels que les maladies infectieuses, la faim et l'accès aux soins de santé, ayant un effet substantiel sur la vie de millions de personnes à travers le monde.

Mais même si la richesse peut constituer une puissante force bénéfique, elle peut également être utilisée pour perpétuer les inégalités et l'injustice. Prenons par exemple la question de la disparité croissante des richesses entre les riches et les pauvres, qui a atteint des proportions record dans de nombreux pays du monde. Selon une étude d'Oxfam, les 1 % les plus riches de la planète détiennent désormais plus d'argent que le reste du monde réuni, ce qui accroît les inégalités économiques et suscite le mécontentement social.

La concentration de la richesse entre les mains de quelques individus et familles a des ramifications substantielles pour la société, affectant tout, de l'accès à l'éducation et aux soins de santé à la représentation politique et à la mobilité sociale. À mesure que l'argent se concentre de plus en plus entre les mains de quelques privilégiés, l'écart entre les nantis et les démunis se creuse, entraînant une augmentation des inégalités sociales et économiques et une érosion du tissu social.

Alors que nous terminons notre examen de la jonction de l'argent et du pouvoir, rappelons les paroles d'Abraham Lincoln : « Presque tous les hommes peuvent supporter l'adversité, mais si vous voulez tester le caractère d'un homme, donnez-lui le pouvoir. » En appréciant l'importance de l'argent dans le façonnement de la société et en luttant pour des lois et des pratiques qui favorisent l'équité, l'égalité et la justice, nous pouvons garantir que le pouvoir de la richesse soit utilisé pour le bien commun et que la prospérité soit partagée par tous.

Chapitre 15 : Perspectives mondiales sur la création de richesse : histoires du monde entier

La création de richesse est un phénomène qui traverse les pays et les cultures, avec des personnes et des familles du monde entier cherchant à développer des entreprises prospères, à collecter des actifs et à atteindre la prospérité financière. Des innovateurs de la Silicon Valley aux magnats africains en passant par les magnats asiatiques, les histoires de création de richesse varient considérablement selon les régions et les continents, reflétant les paysages économiques, sociaux et culturels particuliers de chaque lieu. Dans ce chapitre, nous étudierons les perspectives mondiales sur la création de richesse, en évaluant les différentes voies menant au succès et les fils conducteurs qui les relient.

L'un des exemples les plus évidents de création de richesse à l'échelle mondiale est l'émergence de l'industrie technologique dans la Silicon Valley, en Californie. Depuis la fin du XXe siècle, la Silicon Valley est une ruche d'innovation et d'affaires, attirant certains des esprits les plus brillants et des entrepreneurs les plus ambitieux du monde entier. Des noms comme Steve Jobs, Bill Gates et Mark Zuckerberg sont devenus synonymes de richesse et de succès, car ils ont fondé des entreprises légendaires comme Apple, Microsoft et Facebook qui ont changé les secteurs et transformé notre façon de vivre et de travailler.

Mais la Silicon Valley n'est pas le seul moteur d'invention et d'entrepreneuriat ; des écosystèmes numériques comparables se sont formés un peu partout dans le monde, de Bangalore à Tel Aviv en passant par Shenzhen. Prenons l'exemple de Jack Ma, co-fondateur et ancien président exécutif du groupe Alibaba, l'une des sociétés de commerce électronique les plus importantes et les plus prospères au monde. Le parcours de Ma, depuis ses origines modestes en Chine jusqu'à devenir milliardaire mondial du numérique, est un hommage au pouvoir de l'entrepreneuriat et de l'innovation dans la promotion du progrès économique et de la richesse.

En 1999, Ma a lancé le groupe Alibaba avec la vision de développer un marché en ligne qui relierait les fabricants chinois aux acheteurs du monde entier. Au fil des années, Alibaba est devenue une société mondiale possédant des participations dans le commerce électronique, le cloud computing, les paiements numériques, etc., faisant de Ma l'une des personnes les plus riches et les plus éminentes de Chine et du monde. Grâce à sa direction d'Alibaba, Ma a contribué à changer la direction de l'économie chinoise et à positionner la nation comme un leader mondial en matière de technologie et d'innovation.

Mais même si la Silicon Valley et la Chine dominent l'actualité en matière d'entrepreneuriat numérique, il existe de nombreuses autres histoires de création de richesse dans les villes et les pays du monde entier. Prenons l'exemple d'Isabel dos Santos, la fille aînée de l'ancien président angolais, qui est devenue l'une des femmes les plus riches d'Afrique grâce à ses investissements dans des domaines allant des télécommunications à la banque en passant par l'électricité.

L'ascension de Dos Santos vers la gloire a été entachée de scandales et d'accusations de corruption, ses détracteurs l'accusant de tirer parti de ses liens familiaux pour faire fortune et conserver son emprise sur le pouvoir. En 2020, dos Santos a été inculpée de nombreuses accusations de fraude et de blanchiment d'argent en lien avec ses activités commerciales, jetant une ombre sur son image et soulevant des questions sur le rôle de la richesse et des privilèges dans la culture africaine.

Mais dos Santos n'est pas le premier entrepreneur africain à avoir connu le succès sur la scène mondiale. Prenons l'exemple d'Aliko Dangote, le milliardaire nigérian qui est la personne la plus riche d'Afrique et le créateur du groupe Dangote, un conglomérat multinational détenant des participations dans le ciment, le sucre, le blé, etc. Le parcours de Dangote, depuis ses origines modestes au Nigeria jusqu'à celui de milliardaire mondial, est un monument du pouvoir de l'entrepreneuriat et de la persévérance pour surmonter les difficultés et atteindre le succès.

En plus de son empire commercial, Dangote est également un philanthrope notable, qui met l'accent sur l'éducation, les soins de santé et la réduction de la pauvreté en Afrique. Par l'intermédiaire de son organisation caritative, l'organisation Dangote, Dangote a contribué des millions de dollars pour soutenir des programmes visant à élargir l'accès à l'éducation, à fournir des services de santé et à autonomiser les femmes et les enfants à travers le continent.

Mais la création de richesse ne se limite pas aux seuls entrepreneurs technologiques ou aux magnats africains ; cela peut également être observé dans des domaines allant de la banque à l'immobilier en passant par l'industrie manufacturière. Prenons l'exemple de Mukesh Ambani, le milliardaire indien qui est président et principal actionnaire de Reliance Industries, l'une des sociétés indiennes les plus importantes et les plus prospères. Le parcours d'Ambani, depuis l'héritage de l'entreprise textile de son père jusqu'au développement d'un empire mondial englobant les télécommunications, la pétrochimie et la vente au détail, est un monument de la puissance de la vision, de la ténacité et de la réflexion stratégique pour réussir.

En 2019, Ambani a fait l'actualité en créant Jio, une entreprise de télécommunications qui a transformé le marché indien des télécommunications et a donné un accès Internet bon marché à des millions de personnes dans tout le pays. Le succès de Jio a propulsé Ambani en tête de la liste des riches indiens et a consolidé son statut de l'un des dirigeants les plus influents et les plus puissants de l'industrie et de la politique indiennes.

Mais même si la richesse et le pouvoir d'Ambani ont fait de lui une figure connue en Inde, ils ont également suscité controverses et critiques, certains l'accusant de tirer parti de ses relations politiques pour favoriser injustement ses entreprises et limiter la concurrence. En 2020, Ambani a été impliqué dans un litige judiciaire très médiatisé avec Amazon sur l'avenir du secteur de la vente au détail de Reliance, soulignant les obstacles et la complexité de la négociation de la jonction de la richesse, du pouvoir et de la politique dans le paysage des entreprises indien.

Alors que nous terminons notre enquête sur les points de vue mondiaux sur la création de richesse, rappelons les mots de Nelson Mandela : « Vaincre la pauvreté n'est pas un acte de charité. C'est un acte de justice. » En appréciant les diverses voies menant au succès et en adoptant les idéaux de justice, d'égalité et d'opportunités, nous pouvons garantir que le développement de la richesse profite non seulement à quelques-uns, mais au plus grand nombre, et que les bienfaits du progrès économique profitent à tous.

Chapitre 16 : Richesse et bien-être : équilibrer la réussite matérielle et le bien-être personnel

Même si la poursuite de la richesse peut apporter la réussite matérielle et la prospérité financière, elle a souvent un coût en termes de bien-être personnel et de plaisir général. Dans ce chapitre, nous explorerons l'équilibre délicat entre prospérité et bien-être, en analysant les problèmes et les possibilités qui surviennent lorsqu'on vise à la fois la richesse monétaire et le bien-être mental, émotionnel et physique.

L'un des problèmes les plus importants pour concilier richesse et bien-être est la recherche constante de la réussite financière au prix de la santé et du plaisir personnels. Prenons le cas de Howard Hughes, l'homme d'affaires et cinéaste millionnaire excentrique, dont l'ambition insatiable de richesse et de pouvoir l'a conduit sur la voie de l'obsession, de la paranoïa et, finalement, de l'autodestruction.

L'histoire de Hughes est une mise en garde sur les conséquences d'une ambition effrénée et les conséquences néfastes que l'argent peut avoir sur la santé mentale et physique. Malgré son immense richesse et son importance, Hughes a mené une existence recluse et plus isolée, affligée d'une multitude de problèmes de santé et de troubles psychologiques. Au cours de ses dernières années, Hughes est devenu un ermite virtuel, passant ses journées enfermé dans des chambres d'hôtel, entouré d'un petit groupe d'assistants et de personnel fidèles, alors que sa santé se détériorait et que son état mental se détériorait.

La spirale de Hughes vers la folie et la mort définitive en 1976 est un rappel qui donne à réfléchir sur l'importance de choisir le bien-être personnel et le plaisir plutôt que la quête de la réussite financière. Même si l'argent peut offrir stabilité et confort financiers, il ne peut pas procurer du plaisir ou de l'épanouissement s'il se fait au détriment de la santé mentale, émotionnelle et physique.

Mais la recherche de richesses peut également avoir des conséquences bénéfiques sur le bien-être humain, en offrant des chances de croissance, d'épanouissement et de réalisation de soi. Prenons l'exemple d'Oprah Winfrey, magnat des médias et philanthrope, dont le chemin de la pauvreté à la richesse est un monument du pouvoir de la persévérance, de la ténacité et de la confiance en soi pour surmonter les difficultés et atteindre le succès.

L'ascension de Winfrey vers la gloire et l'argent a commencé au début des années 1980 lorsqu'elle est devenue l'animatrice de « The Oprah Winfrey Show », un programme-débat révolutionnaire qui a transformé la télévision de jour et a fait d'elle l'une des personnalités médiatiques les plus importantes et les plus rentables au monde. À travers son talk-show, Winfrey a utilisé sa plateforme pour s'attaquer à des problèmes allant de la race et du sexe à la santé et à la spiritualité, motivant des millions de personnes à travers le monde à vivre leur meilleure vie et à réaliser leurs ambitions.

Mais le succès de Winfrey n'a pas été sans obstacles, car elle a fait face aux critiques et à la méfiance des opposants qui doutaient de sa capacité à transcender ses humbles racines et à atteindre la grandeur. Malgré les obstacles et les échecs qu'elle a rencontrés tout au long de son chemin, Winfrey est restée forte dans son dévouement à l'honnêteté, à l'intégrité et à la croissance personnelle, tirant parti de ses richesses et de son influence pour responsabiliser les gens et avoir un grand impact sur le monde.

En plus de son empire médiatique, Winfrey est également une philanthrope remarquable, qui met l'accent sur l'éducation, l'autonomisation et la justice sociale. Par l'intermédiaire de son organisation caritative, l'organisation Oprah Winfrey, Winfrey a contribué des millions de dollars pour financer des projets visant à améliorer l'accès à l'éducation, à créer des opportunités économiques et à renforcer les communautés négligées.

Le récit de Winfrey nous rappelle de manière convaincante la nécessité de trouver un équilibre entre la réussite financière et le bien-être personnel, ainsi que le potentiel de transformation de l'argent lorsqu'il est utilisé pour le bien commun. Même si la richesse peut offrir stabilité et confort financiers, l'épanouissement et le plaisir véritables proviennent du fait de vivre une vie alignée sur ses croyances, ses passions et son objectif.

Mais trouver cet équilibre n'est pas toujours simple, surtout dans une société qui assimile généralement le succès à la richesse et à la position sociale. Considérez l'histoire de Richard Branson, l'entrepreneur milliardaire britannique et créateur du groupe Virgin, dont le parcours de l'abandon scolaire dyslexique à la superstar mondiale des affaires est un monument du pouvoir de l'enthousiasme, de l'inventivité et de la ténacité pour réussir.

La biographie de Branson est empreinte d'énergie entrepreneuriale et d'aventure, alors qu'il a créé son empire d'entreprise à partir de zéro, en commençant par une modeste entreprise de vente de disques par correspondance et en se développant dans des industries allant de la musique aux compagnies aériennes en passant par l'exploration spatiale. En cours de route, Branson a connu d'innombrables obstacles et déceptions, notamment des projets ratés, des crises financières et des tragédies personnelles, mais il est resté intrépide dans la poursuite de ses idées et de ses objectifs.

En plus de sa réussite financière, Branson est également un ardent défenseur du bien-être personnel et de l'équilibre travail-vie personnelle, faisant campagne pour des lois et des pratiques qui favorisent la flexibilité, l'autonomie et les soins personnels sur le lieu de travail. Grâce à des programmes comme Virgin Pulse, Branson s'est efforcé de créer une culture de santé et de bien-être dans l'ensemble de ses entreprises, en encourageant le personnel à donner la priorité à son bien-être physique et mental et à trouver un équilibre entre travail et loisirs.

Le dévouement de Branson au bien-être ne se limite pas simplement à ses entreprises ; cela s'étend également à sa vie personnelle, car il veut vivre une vie d'aventure, de découverte et de contentement. Qu'il fasse du kitesurf sur la Manche, qu'il explore les profondeurs de l'océan à bord d'un sous-marin ou qu'il parte en mission spatiale avec sa société Virgin Galactic, Branson représente l'attitude de vivre pleinement la vie et d'accepter de nouveaux défis et de nouvelles expériences.

Alors que nous terminons notre enquête sur l'équilibre entre argent et bien-être, rappelons les paroles du Dalaï Lama : « Le bonheur n'est pas quelque chose de tout fait. Il naît de vos propres activités. » En mettant l'accent sur le bien-être personnel et le plaisir plutôt que sur la quête du succès mondain, nous pouvons créer des vies riches en sens, en buts et en joie, et incarner véritablement l'esprit de prospérité dans toutes ses manifestations.

Chapitre 17 : Dilemmes éthiques dans la répartition des richesses : résoudre les problèmes d'inégalité

La répartition des richesses a toujours été un sujet difficile, avec des conflits qui font rage sur la justice et l'égalité dans la manière dont les ressources sont allouées et partagées au sein de la société. Dans ce chapitre, nous étudierons les difficultés éthiques inhérentes à la répartition des richesses, en analysant les défis liés à la résolution des inégalités et à la création d'une répartition plus juste et équitable des richesses.

L'un des défis éthiques les plus importants en matière de répartition des richesses est l'écart croissant entre les riches et les pauvres, tant au sein des pays qu'à travers le monde. Selon une étude d'Oxfam, les 1 % les plus riches de la planète détiennent désormais plus d'argent que le reste du monde réuni, ce qui accroît les inégalités économiques et suscite le mécontentement social. La concentration de la richesse entre les mains de quelques individus et familles a des ramifications substantielles pour la société, affectant tout, de l'accès à l'éducation et aux soins de santé à la représentation politique et à la mobilité sociale.

Prenons l'exemple de Thomas Piketty, l'économiste français dont le livre fondateur, « Le capital au XXIe siècle », a déclenché un débat mondial sur les mécanismes des inégalités de richesse. Dans son livre, Piketty affirme que l'accumulation de richesses entre les mains d'une petite élite menace de détruire la démocratie et de perpétuer les inégalités sociales et économiques. Il milite en faveur de politiques et d'actions visant à lutter contre les inégalités, notamment en matière de fiscalité équitable, de transferts de revenus et d'investissements dans les services sociaux et les infrastructures.

Mais résoudre les disparités de richesse n'est pas seulement une question de politique économique ; cela exige également de remettre en question des attitudes et des idées profondément ancrées sur l'argent et le pouvoir. Prenons l'exemple de Warren Buffett, l'investisseur milliardaire et philanthrope américain, qui s'est exprimé ouvertement sur la nécessité pour les personnes riches comme lui de payer leur juste part d'impôts et de contribuer à la société.

Buffett a fustigé le système fiscal américain pour lui permettre de payer un taux d'imposition inférieur à celui de son secrétaire, soulignant l'injustice et les inégalités d'un système qui récompense les riches au détriment des pauvres et de la classe moyenne. En 2011, Buffett a écrit un article dans le New York Times demandant davantage d'impôts sur les plus riches et un investissement accru dans les programmes sociaux pour réduire les inégalités et créer une prospérité partagée.

Mais même si la demande de Buffett d'imposer davantage les riches est peut-être bien intentionnée, elle soulève des considérations éthiques complexes sur le rôle de l'État dans la redistribution des richesses et les limites de la responsabilité individuelle. Les critiques estiment qu'exiger que les individus aisés paient davantage d'impôts pourrait freiner l'entrepreneuriat et l'investissement, entravant ainsi le développement économique et l'innovation. Ils se demandent également si l'action gouvernementale constitue l'approche la plus efficace pour éliminer les inégalités, indiquant que la philanthropie et les dons volontaires pourraient constituer des alternatives plus efficaces et plus durables.

Mais la philanthropie n'est pas sans opposants, qui prétendent qu'elle peut être utilisée comme un moyen par lequel des individus et des entreprises fortunés peuvent exercer une influence et un contrôle sur des objectifs sociaux et politiques. Prenons l'exemple de la Fondation Gates, l'organisation caritative créée par Bill et

Melinda Gates, qui a été critiquée pour son approche de la santé et du développement mondial.

Les critiques affirment que le recours de la Fondation Gates à des solutions techniques et à des méthodes basées sur le marché pour réduire la pauvreté pourrait involontairement aggraver les inégalités et affaiblir l'autonomie et l'autodétermination locales. Ils remettent également en question l'éthique de la charité elle-même, affirmant qu'elle pourrait perpétuer les inégalités de pouvoir et les attitudes paternalistes envers les pauvres et les opprimés.

Mais malgré ces préoccupations, la philanthropie reste une formidable force bénéfique, capable de créer un changement social positif et d'améliorer la vie de millions de personnes à travers le monde. Prenons l'exemple de George Soros, l'investisseur milliardaire et philanthrope hongro-américain, dont les fondations Open Society ont financé des programmes visant à renforcer la démocratie, les droits de l'homme et l'équité sociale dans les pays du monde entier.

Le dévouement de Soros à la charité trouve son origine dans ses expériences personnelles en tant que survivant de l'Holocauste et réfugié, et dans sa conviction de la nécessité de défendre les personnes marginalisées et persécutées. Par l'intermédiaire de sa fondation, Soros a offert des fonds et une assistance à des organisations et à des individus cherchant à promouvoir la cause de la démocratie et des droits de l'homme, notamment des groupes de la société civile, des défenseurs des droits de l'homme et des militants de base.

Mais la charité de Soros a également fait de lui une cible de critiques et de théories du complot, certains l'accusant d'exploiter ses richesses et son influence pour dominer les mouvements politiques et sociaux à son avantage personnel. Soros a été vilipendé par des politiciens de droite et des sources médiatiques, qui l'ont accusé de soutenir les manifestations, les émeutes et les révolutions dans les pays du monde entier dans le but de déstabiliser les gouvernements et de faire avancer son propre programme.

Alors que nous terminons notre examen des difficultés éthiques liées à la répartition des richesses, rappelons les paroles du Mahatma Gandhi : « Le monde a assez pour les besoins de chacun, mais pas assez pour l'avidité de chacun. » En prenant conscience des subtilités de la disparité des richesses et en abordant les questions éthiques inhérentes à la répartition des richesses, nous pouvons nous efforcer de construire une société plus juste et plus équitable où la prospérité est partagée par tous et où personne n'est laissé pour compte.

Chapitre 18 : L'avenir de la richesse : tendances et prévisions de l'évolution économique

Alors que nous sommes au seuil d'une nouvelle ère d'innovation technologique et de connectivité mondiale, l'avenir de la richesse regorge d'opportunités et d'incertitudes. Dans ce chapitre, nous analyserons les tendances et les projections affectant le développement de la production et de la distribution des richesses dans les années à venir, en analysant l'influence des technologies émergentes, de l'évolution démographique et de l'évolution des paradigmes économiques sur le paysage des richesses.

L'une des tendances les plus cruciales affectant l'avenir de la richesse est l'émergence de l'intelligence artificielle (IA) et de l'automatisation, qui devraient bouleverser les industries et modifier la façon dont les gens travaillent, vivent et génèrent de la valeur. Selon une étude du McKinsey Global Institute, l'IA et l'automatisation ont le potentiel de générer des milliards de dollars de valeur économique d'ici 2030, générant des améliorations de productivité, des économies de coûts et de nouvelles possibilités d'innovation et de croissance.

Prenons l'exemple d'Elon Musk, l'entrepreneur visionnaire et fondateur d'entreprises comme Tesla et SpaceX, qui a été à l'avant-garde de la recherche sur l'IA et l'automatisation. Les entreprises de Musk créent des technologies d'IA révolutionnaires qui promettent de changer les transports, l'énergie et l'exploration spatiale, ouvrant ainsi la voie à une nouvelle ère de richesse économique et de croissance humaine.

Mais la croissance de l'IA et de l'automatisation soulève également de profondes considérations éthiques et sociétales concernant l'avenir du travail et la répartition des richesses. À mesure que les ordinateurs deviennent de plus en plus capables d'effectuer des tâches qui étaient auparavant réservées aux humains, des millions de métiers risquent d'être automatisés, ce qui pourrait conduire à un chômage généralisé et à une instabilité économique.

En réponse à ces problèmes, les économistes et les hommes politiques étudient des modèles alternatifs de répartition des richesses, notamment des propositions telles que le revenu de base universel (UBI), qui garantirait à tous les individus un revenu garanti, quel que soit leur statut professionnel. Les partisans affirment que l'UBI pourrait contribuer à réduire les impacts négatifs de l'automatisation sur l'emploi et les inégalités de revenus, en fournissant un filet de sécurité aux travailleurs déplacés par la technologie et en permettant aux individus de poursuivre des études, de l'entrepreneuriat et des activités créatives.

Mais la mise en œuvre de l'UBI à l'échelle mondiale implique des obstacles considérables, notamment des résistances financières et politiques, et l'efficacité de tels systèmes reste très controversée. Les critiques affirment que l'UBI pourrait décourager l'emploi et l'entrepreneuriat, entraînant une perte de productivité et de croissance économique. Ils doutent également que l'UBI soit la méthode la plus efficace pour lutter contre les inégalités, notant que des initiatives ciblées telles que l'éducation et la formation professionnelle pourraient être plus importantes à long terme.

Une autre tendance importante ayant un impact sur l'avenir de la richesse est l'émergence de l'économie du partage, qui modifie des secteurs allant du transport à l'hôtellerie en passant par la vente au détail. Des entreprises comme Uber, Airbnb et Alibaba sont pionnières de nouveaux modèles commerciaux qui exploitent la technologie pour connecter les individus et permettre des transactions peer-to-peer, offrant ainsi de nouvelles perspectives de génération et de distribution de richesse.

Prenons l'exemple de Travis Kalanick, co-fondateur et ancien PDG d'Uber, dont la vision d'un avenir où n'importe qui peut devenir conducteur et gagner de l'argent selon ses propres conditions a modifié le secteur des transports. La technologie d'Uber a permis à des millions de personnes à travers le monde de compléter leurs revenus en conduisant pour l'entreprise, en offrant des options de revenus flexibles aux chauffeurs et en élargissant l'accès aux transports pour les clients.

Mais l'économie du partage n'est pas sans obstacles, notamment en matière de droits des travailleurs, de sécurité et de contrôle gouvernemental. Les critiques affirment que des entreprises comme Uber et Airbnb exploitent les lacunes du droit du travail et contournent les règles pour augmenter leurs profits au détriment des travailleurs et des clients. Ils se demandent également si l'économie du partage n'exacerbe pas les inégalités en concentrant l'argent entre les mains des propriétaires de plateformes et des investisseurs, tout en laissant les travailleurs sujets aux abus et à l'instabilité.

En réponse à ces préoccupations, les gouvernements étudient de nouvelles règles et politiques pour garantir que les avantages de l'économie du partage soient répartis plus équitablement. Des initiatives telles que les avantages transférables et les garanties pour les travailleurs à la demande s'efforcent d'offrir aux travailleurs de l'économie du partage un accès à des avantages clés tels que les soins de santé, l'épargne-retraite et l'assurance-chômage, indépendamment de leur statut d'emploi.

Mais la régulation de l'économie du partage est un processus difficile et changeant, car les gouvernements doivent trouver un équilibre entre le besoin d'innovation et d'entrepreneuriat et le besoin de protection des travailleurs et de sécurité des consommateurs. L'avenir de la génération et de la répartition des richesses dépendra de notre capacité à gérer ces problèmes et à exploiter la promesse des technologies et des modèles économiques émergents pour créer une société plus juste et plus égalitaire pour tous.

Outre l'innovation technique et l'économie du partage, une autre tendance clé déterminant l'avenir de la richesse est l'importance croissante de la durabilité environnementale et de la responsabilité sociale dans les affaires et les investissements. Alors que les implications du changement climatique deviennent de plus en plus graves et urgentes, les entreprises et les investisseurs subissent une pression croissante pour donner la priorité à la gestion environnementale et à l'impact social dans leurs processus décisionnels.

Prenons l'exemple de Larry Fink, PDG de BlackRock, le plus grand gestionnaire d'actifs au monde, qui a insisté sur la nécessité pour les entreprises de lutter contre le changement climatique et d'autres préoccupations environnementales et sociales. Dans sa lettre annuelle aux PDG, Fink exhorte les entreprises à adopter des pratiques commerciales durables et à privilégier la création de valeur à long terme plutôt que les profits à court terme, avertissant que ne pas le faire pourrait entraîner des pertes financières et nuire à leur réputation.

La lettre de Fink représente un changement plus important dans le point de vue des investisseurs vers des considérations environnementales, sociales et de gouvernance (ESG), alors que les investisseurs prennent de plus en plus conscience des risques et des possibilités tangibles liés à la durabilité et à la responsabilité sociale. Selon une étude de la Global Sustainable Investment Alliance, les actifs mondiaux d'investissement durable ont atteint 35 300 milliards de dollars en 2020, ce qui représente plus d'un tiers de tous les actifs sous gestion dans le monde.

Mais l'intégration des facteurs ESG dans la prise de décision d'investissement n'est pas sans obstacles, car les investisseurs sont confrontés à des problèmes de matérialité, de mesure et de responsabilité. Les critiques affirment que l'investissement ESG pourrait être davantage une question de marketing et de relations publiques que de véritable transformation, les entreprises se livrant à du greenwashing et à des efforts symboliques pour apaiser les investisseurs et les parties prenantes.

En réponse à ces problèmes, les autorités et les agences de normalisation adoptent de nouveaux cadres et normes pour améliorer l'ouverture, l'uniformité et la responsabilité en matière de reporting et de divulgation ESG. Des initiatives telles que le Groupe de travail sur les informations financières liées au climat (TCFD) et le Sustainability Accounting Standards Board (SASB) tentent d'offrir aux investisseurs les informations et les outils dont ils ont besoin pour identifier et gérer les risques et opportunités ESG dans leurs portefeuilles.

Mais même si l'investissement ESG offre un potentiel pour améliorer la durabilité et la responsabilité sociale, il n'est pas sans limites. Les critiques affirment que les mesures ESG sont souvent subjectives et sujettes à manipulation, et que la concentration sur les rendements financiers peut compromettre les objectifs plus larges de durabilité et d'impact social. Ils débattent également de la question de savoir si l'investissement ESG peut réellement promouvoir un changement systémique ou s'il ne fait que renforcer le statu quo en intégrant des facteurs sociaux et environnementaux dans les stratégies d'investissement actuelles.

Alors que nous envisageons l'avenir de la production et de la répartition des richesses, il est évident que nous entrons dans une nouvelle période d'évolution économique, marquée par l'innovation technologique, l'évolution démographique et l'évolution des valeurs culturelles. Les décisions que nous prenons aujourd'hui définiront le monde dans lequel nous vivrons demain, et il nous incombe à tous – personnes, entreprises, gouvernements et société civile – de travailler ensemble pour parvenir à un avenir durable, égalitaire et prospère pour tous. .

Conclusion

Alors que nous poursuivons notre examen des récits de production et de répartition des richesses, il est évident que le terrain de la richesse est en constante évolution, influencé par une multiplicité de causes, notamment l'innovation technique, les tendances économiques, la dynamique sociale et les décisions humaines. Tout au long de notre voyage, nous avons étudié la vie de personnes et de familles qui ont surmonté le terrain complexe de la richesse, surmontant les obstacles, saisissant les opportunités et ayant un effet durable sur le monde qui les entoure.

De la force de vision et de résilience des chapitres 1 et 2 à l'esprit d'entreprise et d'invention des chapitres 4 et 5, nous avons observé de première main la force transformatrice de l'ingéniosité humaine et de sa volonté de propulser la croissance économique et la richesse. Des individus comme Thomas Edison, Steve Jobs et Oprah Winfrey ont prouvé qu'avec une vision, de la ténacité et une volonté de prendre des risques, il est possible de transformer les aspirations en réalité et de créer une richesse qui transcende les générations.

Mais le chemin vers la richesse n'est pas sans obstacles, comme nous l'avons exploré aux chapitres 13 et 14, lorsque nous avons étudié le côté obscur du développement de la richesse et la confluence du pouvoir et du succès. Les histoires d'avidité, de corruption et d'exploitation nous rappellent les défis éthiques inhérents à la quête de l'argent et la nécessité de faire preuve de vigilance et de responsabilité pour se prémunir contre l'abus de pouvoir et de privilèges.

Alors que nous envisageons l'avenir de la production et de la répartition des richesses, il est évident que nous entrons dans une nouvelle période marquée par une innovation technologique rapide, une modification des paradigmes économiques et des valeurs culturelles. Au chapitre 18, nous avons étudié les tendances et les projections affectant le développement de la richesse, depuis la croissance de l'intelligence artificielle et de l'automatisation jusqu'à l'importance croissante de la durabilité environnementale et de la responsabilité sociale dans les affaires et les investissements.

Mais dans la volatilité et la complexité du paysage en constante évolution de la richesse, certains principes et idéaux restent cohérents. Au chapitre 16, nous avons réfléchi à l'importance de combiner réussite monétaire et bien-être humain, sachant que la véritable richesse comprend non seulement la prospérité financière, mais aussi le bien-être physique, mental et émotionnel. Des individus comme Warren Buffett et Elon Musk offrent des exemples inspirants du pouvoir de l'intégrité, de l'honnêteté et du but pour réussir et s'épanouir dans la vie.

En outre, au chapitre 17, nous avons lutté contre les difficultés éthiques inhérentes à la répartition des richesses, en abordant les questions de justice, d'équité et de justice sociale dans l'allocation et le partage des ressources. Alors que nous nous efforçons de relever les défis de l'inégalité et de promouvoir une société plus juste et équitable, il est essentiel que nous adoptions les principes d'empathie, de compassion et de solidarité, en reconnaissant l'interconnexion de toutes les personnes et de toutes les communautés dans l'objectif d'une prospérité partagée.

En conclusion, les récits de création et de répartition des richesses présentés dans ce livre constituent un monument à la ténacité, à l'inventivité et à la diversité de l'activité humaine. Des haillons aux richesses, des modestes débuts aux empires mondiaux, les histoires de création de richesses sont aussi variées que les individus qui les génèrent. Alors que nous réfléchissons aux leçons apprises et aux difficultés à venir, rappelons les paroles du Mahatma Gandhi : « La véritable mesure de toute société se trouve dans la manière dont elle traite ses membres les plus vulnérables. » En travaillant pour une société où la prospérité est partagée équitablement, où les opportunités sont accessibles à tous et où la dignité et la valeur de chaque individu sont reconnues, nous pouvons créer un avenir réellement prospère pour tous.

Points à emporter :
1. La vision, la résilience et la créativité sont des moteurs essentiels du développement de la richesse, comme en témoignent des individus comme Steve Jobs, Oprah Winfrey et Elon Musk.
2. La quête de l'argent n'est pas sans défis éthiques, comme l'illustrent les cas d'avidité, de corruption et d'exploitation.
3. Équilibrer la réussite financière et le bien-être personnel est crucial pour une véritable richesse et un véritable épanouissement, comme l'ont illustré Warren Buffett et d'autres personnes qui ont réussi.
4. Relever les défis de l'inégalité et établir une société plus juste et équitable implique compréhension, compassion et unité.
5. L'adoption des principes d'intégrité, d'authenticité et de détermination peut conduire

les individus et la société à naviguer sur le terrain en constante évolution de la richesse.

www.ingramcontent.com/pod-product-compliance
Lightning Source LLC
Chambersburg PA
CBHW071929210526
45479CB00002B/604